KB190680

용서

그 불편함에 관하여

세움북스는 기독교 가치관으로 교회와 성도를 건강하게 세우는 바른 책을 만들어 갑니다.

용서, 그 불편함에 관하여

거짓 용서에서 벗어나 성경의 바른 용서 찾아가기

초판 1쇄 발행 2020년 2월 5일
초판 1쇄 발행 2020년 2월 10일

지은이 | 방정열
펴낸이 | 강인구

펴낸곳 | 세움북스
등 록 | 제2014-000144호
주 소 | 서울시 마포구 양화로 78, 502호(서교동, 서교빌딩)
전 화 | 02-3144-3500
팩 스 | 02-6008-5712
이메일 | cdgn@daum.net

교 정 | 오현정
디자인 | 참디자인

ISBN 979-11-87025-57-3 (03230)

용서 그 불편함에 관하여

방정열 지음

거짓 용서에서 벗어나 성경의 바른 용서 찾아가기

세움북스

추천사

용서는 타인을 위해서 하는 행동이 아니라고 합니다. 관계의 문제에 매여서 전전긍긍하는 자기 자신을 풀어주는 것이지요. 용서의 문제로 마음이 힘들거나 생각이 쉽게 정리되지 않는 분들은 이 책을 한번 읽어보십시오. 신학자의 예리하고 정확한 시각과 사람을 깊이 이해하는 목회자의 따뜻한 마음이 공존하는 책이기에 우리의 지성과 영혼에 큰 도전과 깨우침을 안겨주리라 확신합니다. 책을 덮을 즈음에는 여러분의 마음에서 누군가를 용서할 수 있는 용기와 사랑이 부쩍 자라나 있을 겁니다.

❚ 김관성 목사 (행신침례교회)

장애물은 언제나 나를 불편하게 만듭니다. 용서라는 장애물이 그렇습니다. 하지만 인생의 허들 경기에서 장애물은 '넘어지라'고 있는 것이 아닙니다. '넘어서라'고 있는 것입니다. 용서라는 장애물을 어떻게 넘어설 수 있을까요? "누군가와 무엇인가를 용서하고 싶지만 용서할 수 없는 자신을 용서하는 일에서 용서는 시작된다."는 말이 있습니다. 첫 단추를 이렇게 풀고 나면 나머지는 스르르 풀립니다. 그 때 나는 '상처 입은 피해자'도 '상처 입은 치유자'도 아닌 '치유 받은 치유자'로 살아갈 수 있습니다. 책을 읽고 나서 나는 이렇게 고백할 수 있습니다. '용서, 그 놀라운 은혜와 신비!' 일독을 적극 권합니다.

┃ 송길원 목사 (하이패밀리 대표, 가족생태학자)

주기도문에는 일용할 양식을 위한 기도가 있습니다. 동시에 우리에게 죄지은 자에 대한 용서의 기도도 있습니다. 용서는 일용할 양식만큼이나 삶의 실제적 필요입니다. 실제적 필요이기에 그 실천이 쉽지 않은 난제이기도 합니다. 방정열 교수께서 이 난제에 도전하셨습니다. 저자는 무조건적 용서와 조건적 용서의 극단을 경계합니다. 그리고 성경의 실례들을 들어 긴장된 성경적 접근을 추구합니다. 용서가 쉽지 않은 난제이지만 불가능한 과제는 아니라고 말합니다. 성경적 용서의 실천을 고민하는 모든 이들에게 이 책을 추천합니다. 성경적 용서의 실천을 설교하는 모든 목회자들에게도 추천합니다. 저자의 모든 견해에 100% 동의할 필요는 없지만 용서의 참된 의미에 접근하도록 도움을 받을 것입니다. 저자의 이 책은 진지한 성경적 실천의 지평을 넓히게 합니다. 저자의 수고에 감사하며 이 책을 기도와 함께 강추합니다.

▍이동원 목사 (지구촌 교회 창립/원로 목사)

보통 성경적인 용서를 '무조건적인 용서'라고 생각하는 경우가 많습니다. 하지만 이 책은 성경의 용서는 '회개(사과)를 조건으로 하는 용서'라고 주장합니다. 하나님과 인간 사이도 그렇고, 인간과 인간 사이도 그렇다는 입장입니다. 하나님이 그렇게 우리를 용서하셨고, 십자가 사건도 그것을 잘 보여준다고 주장합니다. 이 책은 끔찍한 일을 당한 청년 자매가 용서 문제로 탄식의 기도를 드리는 이야기로부터 시작해서, 사랑과 용서의 분명한 차이, 구약의 용서와 신약의 용서, 그리고 용서를 구하고 있는 자에게 아직도 용서하지 못하고 있다면 십자가를 깊이 묵상하라고 권고하는 내용으로 구성되어 있습니다. 이 책을 통해 성경적인 용서를 새롭게 점검하는 시간이 되기를 기대하며 일독을 추천합니다.

▍이찬수 목사 (분당우리교회)

오랜 세월 친구와 동역자로 함께 한 저자는 만날 때마다 제게 따뜻함과 깨달음을 선사하는 분입니다. 이번 『용서, 그 불편함에 관하여』라는 책을 읽으면서도 동일한 느낌을 받았습니다. 오래전 사역 현장에서 경험한 한 지체의 고뇌를 외면치 않고 자신의 마음에 고스란히 간직했다가 마침내 써내려간 용서의 글을 통해 저자의 따듯한 마음을 읽을 수 있었습니다. 그때 제대로 도와주지 못한 것에 대한 빚진 마음으로 거짓 용서가 무엇이고 참된 용서(성경적인 용서)가 무엇인가를 풀어 놓습니다. 제가 20년 넘게 목회 현장에서 쉽게 풀어보고자 했던 용서를 저자가 더욱 선명하게 볼 수 있도록 해주어서 감사했습니다. 특별히 이 책의 진가는 마지막 페이지까지 읽을 때라야 비로소 드러납니다. 그곳에 핵심이 있습니다. 모든 독자들에게 용서에 대한 성경적인 시각이 활짝 열리기를 소망합니다.

❙ 임종택 목사 (행복을전하는교회)

이 책은 기독교가 말하는 용서가 무엇이어야 하는지에 관한 책입니다. 저자는 너무 쉬운 정답을 말하거나 현실이라는 이름으로 이 주제를 회피하지 않습니다. '영혼을 섬기는 자'로서 용서의 문제가 인간의 영혼에 얼마나 중대한 영향을 미치는 지 경험한 저자는, 이 '용서'라는 주제를 상식이 아닌 성경을 근거로 정리했고 그 수고의 결과물이 이렇게 책으로 묶였습니다. 사람의 마음, 그 중에 특별히 민감한 부분인 '용서'를 다루기 때문인지, 저자는 자신이 만든 목차를 따라 걸어야 할 이들(독자)의 보폭(읽기속도)까지 제안하는 친절함을 보입니다. 일방적인 강요가 아니라 독자와 함께 걷고 싶어하는 저자의 마음을 느낍니다. 이렇게 친절한 안내자라면 조금 어려워 보이는 길이라도 걸을만합니다. 글을 읽는 동안 두 문장에 눈이 머뭅니다. "가해자의 사과(회개)를 조건으로 피해자의 용서가 시작되어야 한다", "가해자가 진심으로 사과(회개)할 때, 그때 우리는 그를 기꺼이 용서해 주고 있는가?" 당신이 이 저자의 선언과 질문의 대답을 이 책 안에서 차근차근 찾아갈 수 있기를 ... 그리고 이 '성경적 용서'가 만들어내는 참된 기쁨과 평안, 그 자유함을 누릴 수 있기를 기대해 봅니다.

▌조영민 목사 (나눔교회)

그리스도인의 공통된 고민이 있습니다. 결코 일곱 번씩 일흔 번이라도 용서할 수 없는 스스로의 모습 때문입니다. 더구나 어중간한 착한 신드롬 때문에 마음이 더 불편하지만 털어놓을 데도 마땅치 않아 마음 한 켠이 늘 무겁습니다. 그런 그리스도인이라면 『용서, 그 불편함에 관하여』는 반드시 읽어야 할 책입니다. 찬찬히 읽어야 합니다. 묵상하며 읽어야 합니다. 저자가 인도하는 십자가 아래에서 그 사랑과 공의에 잠길 때 비로소 용서에 대한 나의 모든 오해와 혼돈이 사라질 것입니다.

▌조정민 목사 (베이직교회)

목차

추천사(김관성/송길원/이동원/이찬수/임종택/조영민/조정민) · 5

이 책을 효과적으로 읽기 위한 짧은 조언 · 13

시작하며 · 16

1장: 좌충우돌 · 20

미로와 같은 용서 · 20

용서를 살펴보고자 하는 자들에게 요구되는 것들 · 21

통곡하며 기도하던 자매 · 23

무엇 때문에 · 26

용서를 둘러싼 좌충우돌 · 27

　게리 리지웨이(Gary Ridgway) · 28

　밀양, 벌레 이야기 · 32

여전히 좌충우돌 중 · 37

2장: 두 종류의 세상: 무조건적인 용서 & 조건적인 용서 · 40

무조건적인 용서만 있는 세상 · 42

　무조건적인 용서만 있는 세상 상상해 보기 · 43

　무조건적인 용서만 있는 세상의 결과 · 45

조건적인 용서만 있는 세상 · 49
  조건적인 용서만 있는 세상 상상해 보기 · 50
  가해자가 용서를 구하지 않으면 · 52
불완전한 두 종류의 극단적인 세상 · 53

3장: 용서, 왜 이렇게 어렵죠? · 56

정의의 모호함 · 58
  용서와 사랑은 동의어 아닌가요? · 59
  꽃과 장미의 관계 · 63
기준의 모호함 · 67
  살인자가 된 꼬마 · 71
대상의 모호함 · 73
  용서의 대상은 '무엇'(what)인가, 아니면 '누구'(who)인가? · 74
  용서의 대상은 개인에 국한되는가? 아니면 단체일 수도 있는가? · 77
  눈앞에 있는 가해자와 눈앞에 없는 가해자 · 83

4장: 용서를 어떻게 정의할 수 있을까요? · 88

사전은 용서를 어떻게 정의하고 있을까? · 91
  용서에 대한 불충분한 정의들 · 96
  용서에 반드시 들어가야 할 요소들 · 102
성경에 용서라고 번역된 원문 단어들에는 어떤 의미가 있나요? · 108
  구약에 등장하는 용서 단어들 · 109
  신약에 등장하는 용서와 관련된 용어들 · 116
용서를 정의하자면 · 118
  용서란 · 119

5장: 성경적 용서의 출발:
성경은 용서를 어떻게 하라고 가르치나요? · 122

  기독교의 용서 원칙 1: 하나님이 용서하신 것처럼 용서하라! · 124
  기독교의 용서 원칙 2: 용서는 하나님의 초청이자 명령이다! · 125
하나님이 너희를 용서하신 것 같이 · 126
구약성경에 나타난 용서 · 129

인류 최초의 죄에 대한 하나님의 용서 · 130

구약의 제사법과 용서 · 136

다윗 이야기에 나타난 용서 · 139

요셉 이야기에 나타난 용서 · 147

신약성경에 나타난 용서 · 163

회개하라! · 163

탕자의 비유, 아버지의 무조건적인 용서? · 167

일곱 번을 일흔 번까지 용서하라 · 181

'용서할 줄 모르는 종 비유' · 184

간음 현장에서 잡힌 여자 · 187

주기도문의 용서: 용서하라! 그리하여야 용서를 받으리라 · 195

여전히 존재하는 갈등 · 201

지속되는 내적 싸움과 성령님의 도우심 · 203

6장: 용서, 그 불편함에 관하여 · 206

불편한 지점 · 207

요나와 용서("네가 성내는 것이 옳으냐?") · 209

요나서의 핵심 장은 어디인가? · 209

내가 어찌 아끼지 않겠느냐? · 212

박넝쿨과 벌레 · 215

"내가 어찌 아끼지 않겠느냐?"와 요나의 불편함 · 216

십자가 사건, 그리고 하나님의 공의와 사랑 · 218

십자가 위에 임한 하나님의 진노 · 220

십자가 위에 임한 하나님의 사랑 · 226

용서할 마음이 아직 준비되지 않았나요? · 243

참고문헌 · 248

이 책을 효과적으로 읽기 위한 짧은 조언

이 책을 손에 집어든 독자들은 적어도 '용서'라는 주제에 관심을 가지고 있거나 현재 용서 문제로 몸살을 앓고 있는 분들일 것이다. 아니면 기독교인들 가운데서 성경은 용서를 어떻게 가르치는가에 대해 호기심을 갖고 있는 분들일 것이다. 어떤 연유에서 이 책의 첫 페이지를 넘겼는지는 알 수 없지만, 나는 독자들이 지금부터 '용서'라는 팻말이 붙여진 굽이진 트레킹 코스에 홀로 들어섰다고 상상하기를 바란다. 트레킹 신발도 신고 가벼운 옷차림에 스틱을 손에 쥐고 첫발을 내디딘 것이다. 큰길도 있고 좁은 길도 있을 것이며, 평평한 길도 있을 것이고 울퉁불퉁한 길도 있을 것이다. 큰 보폭으로 빨리 걸을 수 있는 길도 있고 자잘한 보폭으로 천천히 걸어야 하는 길도 있을 것이다. 다양한 종류의 길을 따라 펼쳐지는 풍광의 느낌도 제각기 다를 것이며, 따라서 길의 종류에 따라 걷는 속도(읽는 속도)에 변화를 줄 것이다. 우리의 목적은 높은 산 정상에 올라 성취감에 취해 거대한 깃발을 꽂고 두 손을 번쩍 올리는 것이 아니라, '용서'라고 이름 붙여진 구불구불한 트레킹 코스를 따라 펼쳐진 풍광을 다양한 보폭과 속도로 경험해 보는 것이다.

독자들이 들어선 이 트레킹 코스는 총 여섯 개의 코스(장)로 구성되어 있다. 물론 최종 목적지인 여섯 번째 코스에 이르기까지 각각의 코스들은 서로 긴밀하게 연결되어 있다. 독자들은 개인적인 상황에 맞춰 코스마다 속도감을 달리해야 할 것이다. 그래야 그 코스의 풍광(내용)을 제대로 경험하며 고찰할 수 있다. 따라서 나는 독자들이 코스의 주제에 따라, 그리고 개인적인 상황에 따라 다른 속도로 걷거나 뛰기를 조언하고 싶다.

아래의 도표는 각 코스에 어울리는 속도를 보여준다. 이 속도는 상상 속의 주관적인 속도이지 어떤 구속력을 갖고 있거나 속도계(Speedometer)에 따른 정확한 속도는 아니다. 100은 가장 빠른 속도를 나타낸다. 큰 보폭으로 빨리 달려도(읽어도) 좋고 때로는 풍광(내용)을 스치듯 지나가도 좋다. 읽다가 힘들면 부분적으로 건너뛰어도 좋다는 뜻이다. 50은 중간 속도로 자신의 평상시 보폭으로, 힘들지 않게 읽을 수 있는 속도라고 상상하면 된다. 대부분의 코스를 이 정도의 속도에 맞춰 걸으면(읽으면) 무난할 것이다. 20은 매우 느린 속도를 나타낸다. 이 코스는 힘들거나 세심한 주의를 필요로 하거나 혹은 깊은 사색을 요하는 코스이기 때문에 후다닥 뛰어가면 안 되는 코스다. 특별히 첫 번째 코스와 마지막 코스가 그렇다. 가장 느린 속도로, 마치 나무늘보가 한 발자국을 움직이듯 그렇게 읽어야 한다. 한 문장, 한 문장, 한 단락, 한 단락, 천천히 걸으며(읽으며) 사색해야 한다. 아니면 벤치에 앉아 동일한 내용을 계속 묵상해도 좋은 속도를 의미한다.

'용서' 트레킹 코스						
코스	1코스	2코스	3코스	4코스	5코스	6코스
속도	20	50	40	80	40	20

시작하며

용서. 이 단어를 떠올리면 단어 자체의 정의보다는 이 단어와 이리 저리 얽혀 있는 복잡한 느낌들과 감정이 먼저 불편하게 다가온다. 단어 자체는 언뜻 보면 좋아 보이지만, 단어의 문을 열어젖혀 안으로 한 발짝만 들어서면 상상을 뛰어넘는 다양한 감정선들이 얼기설기 꼬여 있는 것을 발견하게 된다.

"용서에 대해 얘기할거면 시작도 하지 마세요!"

이처럼 용서라는 주제에 대해 극도로 예민하게 대응하는 이들도 있다. 용서라는 주제를 대하는 많은 사람들의 얼굴에는 불편한 기색이 역력하다. 용서하지 못하고 있는 자신을 미성숙하다거나 수준 낮은 사람으로 간주할까 봐 조심스러워하는 경계의 시선을 느낄

수 있다:

"쟤는 미안해하지도 않는데 나보고 용서하라고요?"

"그놈을 보면 가라앉았던 내 안의 분노가 다시 끓어오른다고
요. 아예 안 보면 안 봤지, 난 걔를 절대 용서 안 할 겁니다!"

"용서해 보도록 할게요. 그런데 내 마음을 내가 어찌해 볼 수
가 없네요. 용서가 잘 안 돼요."

"나보고 그녀를 용서하라고 강요하지 마세요. 화해하고 싶지
도 않고, 그러니 그냥 안 보고 살면 됩니다. 용서고 뭐고 다
필요 없어요."

"그놈을 평생 잊지 못할 겁니다. 길에서 만나면 반드시 죽이
고 말겁니다."

"그놈에게서 사과를 받아야 하는데…"

"무조건 용서해야 된다고 생각해요. 용서를 해야 비로소 참
되고 성숙한 기독교인이라고 할 수 있지요."

용서라는 단어에 덧입혀진 다양한 표현들과 감정선들…. 용서 자체를 절대 하지 않겠다는 결심부터 값싼 용서를 하려고 달려드는 결연한 투사의 모습까지, 실로 다양한 사람들이 용서 때문에 힘겨워하고 용서 때문에 좌절하며 용서 때문에 화해의 기쁨을 맛본다.

나는 이런 복잡한 감정들이 뒤섞여 있는 용서 한 가운데로 독자들을 초대하고자 한다. 올바른 용서가 무엇인지를 살피면서(특별히 기독교적인 용서가 무엇인지를 살피면서), 혹여나 쓸데없이 진을 빼고 있는 '거짓 용서'의 허울을 걷어내고자 한다. 독자들이 이 글의 내용을 어떻게 읽고, 얼마나 동의하며 따라올지는 알 수 없으나, 각 장의 내용을 곱씹어 보면서 저자와 대화하다 보면, 안개가 걷히듯 용서에 대해 모호했던 부분들이 선명해지는 경험을 하게 될 것이라 확신한다. 책을 읽다가 납득하기 어렵고 동의하기 어려운 부분을 만나면 일단 여백에 당신의 생각을 적어 놓고 끝까지 읽은 다음 당신의 기록을 다시 들여다보는 것이다. 마지막 장을 읽기 전까지는 성급하게 판단하지 않았으면 좋겠다. 내가 말하고 싶은 알맹이는 분명 마지막 장에 있지만, 거기까지 밟아 나가는 모든 주제들도 중요하기에 한 장 한 장 읽어 나갔으면 하는 바람을 가진다.

1장

/

좌충우돌

좌충우돌

미로와 같은 용서

'용서'라는 주제는 복잡한 미로(迷路)와도 같다. 문제를 풀기 위해 섣불리 달려들었다가 풀기는커녕 그 안에서 향방을 잃고 좌충우돌하기 쉽기 때문이다. 밖에서 언뜻 볼 때 이 주제는 단순해 보인다. "그냥 용서해 주면 되는 것 아닌가요?"라고 말한다거나, 그와는 반대로 "그렇게 쉽게 용서해 주면 안 됩니다"라고 말하면 되는 정도의 문제로 비칠 수 있다. 하지만 용서라는 주제 한 가운데로 들어와 직접 부대끼며 이리저리 살펴보면, 서론에서 언급했듯이 용서에는 복잡한 감정선들이 얽히고설켜 있기 때문에 용서가 그리 간단한 문제가 아님을 발견하게 된다. 가볍게 뛰어들었다가 헤어 나오기 힘든 수렁이나 늪처럼 느끼게 되는 경우가 다반사다.

무조건적으로 행하는 용서가 옳은 것인가, 아니면 참회나 사과를 조건으로 행하는 조건적인 용서가 옳은 것인가. 하찮아 보이는 잘못부터 심각한 잘못에 이르기까지 모든 종류의 잘못들이 용서의 대상이 될 수 있는가, 아니면 용서할 수 없거나 혹은 용서할 필요가 없는 잘못도 존재하는 것인가. 현재 자신 앞에 없는 가해자를 대상으로 용서를 한다는 것이 가능이나 한 것인지 아니면 그것은 단지 자신의 정신 건강을 위한 심리적 자위에 불과한 것인지, 한 사람이 아닌 단체나 군중에 의해 발생된 잘못, 즉 개인적인 피해는 분명 존재하지만 용서할 대상이 구체적으로 특정되지 않을 경우에 용서를 행한다는 것이 과연 가능한 것일까. 더 나아가 '사람이 사람을 정말 용서할 수 있는 것인가'라는 본질적인 질문도 있다. '용서'라는 주제는 이처럼 실로 복잡하고도 다층적이다.

용서를 살펴보고자 하는 자들에게 요구되는 것들

　　용서를 둘러싼 문제들이 이처럼 복잡하고 다층적이다 보니 그것을 살펴보고자 하는 자들에게는 적지 않은 것들이 요구된다. 물론 이것은 용서를 전문적으로 연구하는 전문가들뿐만 아니라 보통 사람들 모두에게 필요한 것들이다. (1) 무엇보다 용서를 하거나 받아야 할 상황이 왜 발생하게 되었는가를 '사실'에 기초해 재구성 할수 있어야 한다. 최대한 '사실'에 기초하여 상황을 재구성한 다음, 원인을 명확히 해야 한다. 그런 이후에야 용서의 여정을 떠날 수 있다. 가슴 속에 남아 있는 분노의 감정에 휩쓸리거나 혹은 희미해진 기억으로 인하여 상상이나 추정에 기초하여 가공의 상황을 만들지 않도록 주의해야 한다. 사람의 기억은 시간이 경과하면서 굴절되거나 뒤틀리기 쉽다. 또한 (2) 분노를 포함한 인간의 감정에 대한 이해도 요구된다. 대체로 가해자는 아무렇지도 않게 살아가는 반면, 피해자는 분노를 머금고 살아가게 되는 경우가 많다. 피해자는 정도의 차이가 있을 수는 있겠으나 대체로 자신이 받은 물질적 피해나 정신적 상처로 인해 분노와 증오 등 심적 고통 가운데 처하게 된다. 이때 그렇게 분노로 치를 떨고 있는 피해자에게 '성숙한 신앙'이나 '정신 건강'의 이름으로 섣불리 용서를 강요하는 경우를 보게 된다. 몸에 상처가 생기면 새살이 돌아 아무는 데에도 시간이 필요하듯 삶과 정신에 생긴 상처가 치유되는 데에도 시간이 필요하다. 인간의 감정은 생각하는 것처럼 기계적이지도 않고 손 뒤집듯 뒤집히지도 않는다. 그리고 (3) 제3자의 경우, 가해자와 피해자 둘 사이에서 어느 한쪽으로 치우치지 않고 사건 자체를 공정하게 들여다보고 판단할 만큼의 균형 감각이 요청된다. 가해자와 이해관계를 맺고 있기 때문에, 혹은 피해자와 불편한 관계에 있다는 이유로 용서와 관련된 판단을 그르치지 않도록 주의해야 한다. 마지막으로 ⑷ 적잖은 사람들이 수긍할 만큼의 결과를 얻기까지 포기하지 않고 용서를 살펴볼 수 있는 지구력도 필요하다. 위에서 언급한 바와 같이 용서는 복잡하고 다층적인 주제이기 때문에 연구하다가 오리무중에 빠져서 중도에 포기할 가능성이 의외로 높다. 생각하고 고민하는 것이 힘겹고 고통스럽기 때문이다. 그리고 인간의 기억은 힘겹고 고통스러운 감정을 피하려고 서둘러 잊고자 하는 유혹에 노출되어 있다. 이에 끝까지 잘 견뎌야 한다.

위의 이 네 가지 사항은 어떻게 용서를 할 것인가를 두고서 고민하고 있는 모든 이들에게도 요구된다. 상상이나 감정에 치우치지 않고 사실에 입각해서 상황을 볼 수 있는 냉철한 상황 구성력이 필요하고, 자신이 받은 상처로 비롯된 분노를 잘 다스릴 수 있는 지혜도 필요하다. 또한 감정에 치우쳐 균형감을 잃음으로 인해 옳고 그름의 판단이 어그러지지 않도록 해야 한다. 더불어 용서에 관해 이리저리 고민하다가 '너무 복잡한 것 같다'면서 쉽게 두 손 들고 포기하는 일이 없도록 해야 한다.

통곡하며 기도하던 자매

용서라는 주제를 논할 때마다 나는 한 청년 자매가 떠오른다. 그녀는 퇴근 후 매일 교회에 들러 한참을 기도한 후 집으로 돌아갔다. 어느 날은 눈물과 콧물로 범벅이 된 얼굴로 괴성을 지르듯 한참이나 부르짖기도 하고, 어느 때는 예배당 전면에 걸린 십자가를 멍하니 바라보면서 아무 말 없이 앉아 있다가 돌아가곤 했다. 그런 모습은 무더운 여름을 지나 매서운 한파의 겨울에도 계속됐다. 교회 청년부 회원 몇 명을 제외하곤 그 누구도 그 자매가 그렇게 단장(斷腸)의 기도를 해 오고 있다는 것을 알지 못했다. 그 몇 명도 그녀가 직장 일을 끝내고 교회 와서 기도한다고만 알고 있었지 왜 그렇게 가슴을 쥐어짜며 기도하고 있었는가는 알지 못했다. 정확한 기간은 기억나지 않지만 짧지 않은 시간이 지나고서야 나는 그 자매가 그렇게 기도해야만 했던 이유를 알 수 있었다.

그 자매는 직장 상사로부터 성폭행을 당했던 것이다. 그 사건으로 수치심이 그녀의 내면을 옥죄기 시작했고, 어둠이 그녀의 삶 구석구석을 짓누르기 시작했다. 그녀는 당장이라도 직장을 그만두고 싶었지만 가족을 부양하고 있는 경제적 무게 때문에 선뜻 결정할 수 없었다. 아버지는 일찍 돌아가셨고, 어머니가 교통사고로 한쪽 다리에 장애를 갖게 되면서 뜻하지 않게 집안의 가장이 된 것이다. 그녀는 네 살 아래의 고등학생 남동생이 학교에서 전교 1등을 할 정도로 공부를 잘했기에 그저 남동생이 큰 혼란이나 충격 없이 좋은 대학교에 진학하기를 바라고 있었다. 날마다 그만두어야지 생각하면서도 그런 가정 형편을 뒤로하고 섣불리 직장을 뛰쳐나올 수가 없었다. 그렇게 하루가 가고 또 하루가 갔다. 하지만 보이지 않게 그녀의 삶은 고통의 날들로 점철되고 있었다.

놀라운 것은 그녀를 더 가혹하게 괴롭혔던 문제가 다른 데 있었다는 것이다. 성폭행당한 사실로 수치의 나락으로 떨어지는 것도 힘들었고, 경제적으로 어려운 가정 형편 때문에 직장에서 버텨야만 했던 자신의 처량한 신세도 힘들었지만, 정작 그녀를 힘들게 했던 것은 아이러니하게도 자신을 강간했던 직장 상사를 용서하지 못하고 있는 자기 자신이었다. 그녀는 가해자(직장 상사)를 용서하지 못하고 있는 자신의 영적인 수준을 마뜩잖게 생각하고 있었던 것이다. 그녀는 기독교인으로서 마땅히 그를 용서해야 한다고 생각했다. 그 상사가 미안하다며 용서를 구한 적도 없고, 사무실에서 뻔뻔한 얼굴을 치켜들고 여전히 음흉한 시선으로 자신을 쳐다보고 있음에도 그녀는 그를 예수 그리스도의 사랑으로 용서하고 감싸 안아야 한다고 생각했던 것이다. 기독교인이라면 마땅히 그래야 하며 그것이 참되고 성숙한 그리스도인의 자세라고 믿었다.

그를 용서해야 한다는 생각은 시간이 갈수록 그녀 안에 강고한 신념으로 자리 잡았다. 하지만 사과를 받지도 못한 채 가해자를 무조건 용서해야 한다고 생각하니 생각하면 할수록 용서의 마음보다는 미움과 저주의 마음이 더욱 커져만 갔다. 그런 자신의 모습이 오히려 참된 신앙인의 모습이 아닌것 같아서 그녀는 스스로에게 채찍질을 가하게 되었던 것이다.

무엇 때문에

종종 통곡하며 기도하던 그 자매의 모습이 환영처럼 떠오르곤 하는 데 그럴 때마다 가슴이 먹먹해진다. 그 자매는 왜 자신이 당했던 상처로 인해 아파하기보다는 뻔뻔한 가해자를 용서하지 못하고 있는 자신의 모습을 오히려 더 한심하게 생각했던 것일까. 그녀는 가해자인 직장 상사로부터 "잘못했다" 혹은 "진심으로 미안하다"라는 사과의 말 한마디조차 듣지 못했다. 그럼에도 불구하고 그녀는 왜 무조건적으로 용서하려고 했고, 그런 무조건적인 용서를 왜 성숙한 기독교인의 표식으로 생각했던 것일까. 어떤 근거에서 무조건적으로 용서하는 것이 곧 성숙한 기독교인이 되는 것이며 그리스도의 참 제자가 되는 것이라는 신앙의 교리를 쌓아 올렸던 것일까. 그녀는 사무실에서 싱글벙글 웃고 있는 가해자를 보며 치를 떨었음에도 불구하고 왜 그를 용서하지 못하고 있는 자신을 그토록 가혹하게 몰아세웠던 것일까.

그녀가 갖고 있던 용서에 대한 이해는 성경의 가르침과 일치한 것이었을까, 아니면 성경의 가르침과 거리가 있었던 것일까. 성경은 과연 가해자가 '미안하다'라는 사과의 말을 하지 않아도 무조건 용서해야 한다고 가르치고 있는가. 성경은 진정 이러한 용서를 성숙한 기독교인의 척도라고 말하고 있는가.

용서를 둘러싼 좌충우돌

용서에 관해 그 자매가 앓았던 극심한 몸살은 단지 그녀만의 것은 아닐 것이다. 많은 사람들이 정도의 차이는 있을 수 있겠으나 용서의 문제를 가슴에 품고 씨름하며 힘겹게 살아간다. 또한 용서에 대한 이해에 있어서도 이랬다저랬다를 반복하며 분위기에 따라 부화뇌동하는 경우도 적지 않다. 용서와 관련된 자비로운 영웅들의 이야기를 듣게 되면 자신도 그러해야 한다고 결심을 하기도 한다. 때로는 공의의 칼이 살아 있어야 공동체가 제대로 돌아갈 수 있다며 용서를 엄격히 대하는 자들의 입장을 쫓아간다.

아래에 전개할 몇 가지 사례들은 용서에 대한 독자들의 생각에 적잖은 파장을 일으킬 수도 있다. 때로는 가해자를 무조건 용서해야겠다는 결심을 새롭게 할 수도 있을 것이고, 때로는 조건(사과 혹은 사죄) 없이는 결코 가해자를 용서하지 않겠다는 결심을 할 수도 있을 것이다. 즉 용서를 행해야 한다는 방향은 동일하지만, 용서의 조건 유무를 두고서 흔들리는 자신을 발견하게 될 것이다.

게리 리지웨이(Gary Ridgway)

1949년 2월 18일 유타주(州) 솔트레이크시티(Salt Lake city)에서 태어난 게리 리지웨이(Gary Ridgway)는 그의 나이 54세가 되던 2003년 12월 18일 워싱턴주(州)에 소재한 킹 카운티 상급 법원(King County Superior Court)에서 48명에 대한 연쇄살인죄로 종신형을 선고받았다. 그는 심문을 받는 과정에서 자신이 살해한 여자들이 너무 많아서 총 몇 명을 죽였는지에 관해 오락가락하는 모습을 보이기도 했다. 어떤 조사에서는 65명의 여자들을 죽였다고 했고, 어떤 조사에서는 71명을 죽였다고도 했다. 하지만 당국은 그가 90명 이상의 사람을 죽였을 것으로 추정했다. 게리는 사형 선고를 받았다가 사체(死體)를 찾는 데 도움을 준 덕분에 종신형으로 전환되었고, 그때까지 확인된 피해자만 48명이었다.

그의 살인 방식은 가히 엽기적이었다. 대체로 거리의 여자들을 납치하여 강간을 한 후, 손이나 끈을 사용해 목을 졸라 살해했다. 종종 살해된 시체와 성관계를 갖는 시간증(屍姦症: necrophillia)을 보이기도 했다. 피해자들 가운데 나이가 가장 많은 여자는 38살이었고, 가장 어린 여자의 나이는 15살이었다. 십대에서 이십대 초반까지의 여자들의 숫자가 45명에 이를 정도로 어린 여자들의 피해가 심했다.

최종 선고가 내려지기 약 한 달 전인 2003년 11월 5일, 게리 리지웨이는 법정에 출두해 판사가 낭독하는 죄목에 대해 일일이 '유죄' 여부를 대답해야 했다. 판사가 게리에게 살해당한 피해자의 이름을 한 명씩 읽어주고, 그 살해에 대한 유죄를 인정하느냐고 물으면 게리는 '유죄'라고 대답했다. 한 사람, 또 한 사람, 그리고 또 한 사람…계속해서 이름이 낭독됐다. 피해자의 숫자는 30명을 넘어섰고, 곧 40명을 넘어섰다. 그 자리에 참석했던 사람들과 나중에 녹화된 장면을 본 사람들은 게리의 손에 살해당한 여자들의 이름이 계속 이어지는 상황을 보면서 고통스러워했고, 한 사람이 어떻게 저렇게도 많은 사람들을 죽일 수 있었는가에 대해 의아해했다.

최종 선고가 있던 날, 피해자들의 가족 및 친척이 참석했다. 판사는 그들에게 게리를 향해 마지막으로 하고 싶었던 말을 할 수 있는 시간을 주었다. 어떤 사람은 살해당한 자신의 동생 때문에 가족 전체가 불행의 나락으로 떨어졌다고 말했고, 어떤 사람은 살해당한 피해자가 게리에겐 어떤 의미도 없었겠지만 자신에게는 전부였다며 상실의 아픔을 토설하였다. 또 어떤 여인은 게리에게 "지옥에나 가라!"며 저주를 쏟아부었다. 그러던 중 16살의 나이에 게리에게 살해됐던 린다 룰(Linda Rule)의 아버지 로버트 룰(Robert Rule)이 천천히 앞으로 나와 게리에게 말했다.

> "리지웨이 씨…여기에는 당신을 미워하는 사람들이 많이 있
> 습니다. 그러나 나는 그렇지 않습니다. 난 당신을 용서합니
> 다. 당신 때문에 내 신앙에 따라 사는 것이 정말 어렵게 됐습
> 니다만, 하나님이 말씀하시는 것이 있습니다. 그것은 용서하
> 는 것입니다. 그는 어떤 특정한 사람들만 용서하라고 말씀하
> 지 않습니다. 그는 모든 사람을 용서하라고 말씀하십니다. 당
> 신은 용서를 받았습니다."

다른 피해자들의 가혹한 말들에 대해 어떤 미동도 보이지 않던 게리 리지웨이는 로버트 룰의 말을 듣자마자 눈물을 흘리기 시작했다. 로버트 룰의 말은 가히 충격적이다. 다른 피해자 가족들이 게리에게 "당신 때문에 우리들의 삶이 얼마나 파괴되었는지 아느냐?"며 따지거나 저주의 말을 퍼부었던 반면 룰은 자신의 신앙에 기초하여 용서하겠노라고 말했기 때문이다. 이 장면은 많은 사람에게 감화를 주었고, 용서의 대표적인 사례로 제시되곤 했다. 룰의 이 모습을 보고 감명을 받은 레베카(Rebecca)라는 엄마는 딸을 강간한 후 살해한 자신의 사촌을 용서하기로 결심했다고 한다. 이 실례는 무조건적인 용서만이 성경이 말하는 용서라는 생각을 갖게 하였다.

특이한 점은 게리가 피해자들에게 어떤 사죄의 말도 하지 않았다는 점이다. 그는 판사 앞에서 자신의 유죄를 인정했지만, 피해자들의 가족과 친척들에게는 어떤 참회나 사죄를 표하지 않았다. 48구의 사체가 발견되었을 뿐이지 훨씬 더 많은 희생자가 있을 것이라고 본다면(당국의 추정대로라면 피해자는 약 90명 정도가 된다), 이것은 연쇄살인을 넘어 대량학살이라고 말해도 과하지 않을 것이다. 그런데 그런 살해를 저지르고도 죄책감을 느끼지 않고 사죄도 하지 않았던 가해자에게 룰은 용서를 언급했다. 많은 사람들은 그런 용서의 모습을 보면서 감화를 받았겠지만, 우리는 이 장면에서 한 가지 질문을 제기하지 않을 수 없다. 일단 룰은 기독교 신앙을 가지고 있었던 것으로 보인다. 그런데 게리와 같이 아직 참회나 사죄의 표현을 하지도 않은 자에게 "당신도 용서함을 받았다"는 한마디 말이면, 그 용서가 이루어지는 것인가? 용서가 그렇게 간단한 것인가? 용서 대신 독설을 쏟아 냈던 수십 명의 피해자 가족들이 탄식과 고통 속에서 여전히 살아가고 있는데, 영웅적인 한 사람이 "당신도 용서함을 받았다"라고 말하기만 하면, 용서가 성립되는 것이냐는 질문이다. 그 일방적인 용서의 표현은 피해자의 아버지인 룰에게 어떤 의미를 주며, 살인자 게리에겐 어떤 의미가 있는 것인가? 예측을 뛰어넘는 룰의 용서의 모습이 정말 기독교의 용서를 보여주는 전형이라고 말할 수 있는 것일까? 룰은 혹시 용서를 남용하거나 오용하고 있었던 것은 아닐까? 독자들은 룰의 용서를 어떻게 생각하는가?

밀양, 벌레 이야기

나는 룰의 용서와는 다른 결의 용서 이야기를 나눠볼 것이다. 이청준의 『벌레 이야기』이다. 『벌레 이야기』는 1985년 『외국문학』 여름호에 실린 단편소설이다. 이창동 감독은 이 책의 내용을 원작 삼아 영화 〈밀양〉을 찍었고, 이청준은 이 영화 제작을 계기 삼아 1985년에 출간된 『벌레 이야기』를 잘 다듬어서 2007년에 『밀양: 벌레 이야기: 이청준 소설』이라는 제목으로 다시 출판했다. 저자가 서문에서 밝히고 있듯, 저자는 1980년 11월에 있었던 소위 〈이윤상 유괴 살해사건〉을 글의 소재로 사용했다. 이청준은 서문에서 이렇게 적고 있다:

> 작품을 쓰기 얼마 전 서울의 한 동네에서 어린이 유괴 살해사건이 있었다. 범인은 결국 붙잡히고, 재판을 거쳐 사형수로 집행을 기다리는 신세가 됐지만, 아이를 잃은 부모의 슬픔과 고통은 굳이 이를 바 없는 일이었다. 그런데 범인이 형 집행 전 마지막 남긴 말이 "나는 하나님의 품에 안겨 평화로운 마음으로 떠나가며, 그 자비가 희생자와 가족에게도 베풀어지기를 빌겠다"는 요지였다. 기억이 정확하지 않겠지만, 내게

는 그 말이 그렇게 들렸고, 그것은 내게 그 참혹한 사건보다 더 충격이었다.

이윤상을 유괴하고 살해했던 살인자 주형영의 이 마지막 말 때문에 이청준은 이 작품을 썼던 것 같다. 소설 전체가 소설 속의 살인자 김도섭이 내뱉은 말을 향해 치닫기 때문이다. 단편소설이기 때문에 줄거리는 간단하다. 동네에서 약국을 운영하는 부부에게 초등학교 4학년인 아들 알암이가 있었는데, 유괴되었다가 80일 만에 살해된 채 발견된다. 범인은 알암이가 다니던 주산학원 원장 김도섭이었다. 이 소설의 주인공인 알암이의 엄마는 아들이 시체로 발견되기 전, 이웃 이불가게 주인 김 집사의 도움을 받아 기독교 신앙을 갖게 되었다. 이에 아들의 귀환을 위해 신앙에 열심을 내지만, 아들이 시체로 발견됐을 때는 아이러니하게도 아들의 극락왕생을 위해 신앙생활에 매진한다. 올바른 기독교 신앙이라기보다는 불교와 혼합된, 순전히 자신의 이익을 신앙으로 추구했던 것이다. 어쨌든 중간에 신앙의 부침을 겪지만, 그럼에도 불구하고 그녀의 삶에 빛이 들기 시작한다. 그러던 중 그녀는 김 집사의 제안으로 살해범 김도섭을 용서하러 갔다가 그때까지 붙잡고 있던 신앙마저 버리게 되고 결국 자신의 삶을 자살로 마무리하게 된다.

소설은 김도섭을 용서하고자 했던 알암이 엄마가 왜 극단적인 선택을 했는가에 대한 이유를 김 집사의 입과 알암이 엄마의 입을 통해 밝힌다. 김 집사의 입을 통해 나온 이야기는 이랬다. 김도섭은 감옥에 있는 동안 주님을 영접했고, 지금은 주님 곁으로 가는 날(사형 집행이 되는 날)을 평안 가운데 기다리고 있다는 것이다. 그가 주님 안에 있으니, 알암이 엄마와 함께 하나님의 아들과 딸이라는 것이었다. 한편 알암이 엄마는 결국 김도섭을 용서하지 못했다. 이유는 그가 너무 평안한 가운데 있었기 때문이다. 그녀는 김 집사에게 자신이 김도섭을 용서하지 못한 이유를 이렇게 소리치며 말했다.

그 사람이 너무 뻔뻔스럽게 느껴져서였어요. 사람이 어떻게 그럴 수가 있어요. 그 사람은 내 자식을 죽인 살인자예요. 살인자가 그 아이의 어미 앞에서 어떻게 그토록 침착하고 평화로운 얼굴을 할 수가 있느냐 말이에요. 살인자가 어떻게 성인 같은 모습으로 변할 수가 있느냔 말이에요. 절대로 그럴 수는 없는 일이에요. 그럴 수가 없기 때문에 전 그를 용서할 수가 없었던 거예요.

그녀는 계속해서 이렇게 울부짖는다.

내가 그 사람을 용서할 수 없었던 것은 그것이 싫어서보다는 이미 내가 그러고 싶어도 그럴 수가 없게 된 때문이었어요.

… 그 사람은 이미 용서를 받고 있었어요. 나는 새삼스레 그

를 용서할 수도 없었고, 그럴 필요도 없었어요.

알암이 엄마를 힘들게 했던 것은 바로 이 지점이었다. 피해자인

자신이 용서하기도 전에 하나님이 용서했으니 별도로 용서할 것이

없게 되었다는 것이다. 자신이 용서할 기회를 하나님이 빼앗아 갔다

고 생각한 것이다.

소설 속의 주인공 상황(알암이의 엄마)과 영화 〈밀양〉 속 주인공의

상황 사이에는 차이가 있지만, 핵심 내용에는 별반 다른 것이 없다.

피해자가 가해자를 용서하기 전에 하나님이 그의 죄를 먼저 용서했

다면 피해자는 무엇을 더 용서할 수 있겠는가. 영화 〈밀양〉을 보면,

교도소 면회 장소에서 살인자(가해자) 박도섭과 피해자 신애 사이에

이런 대화가 오간다.

"저도 믿음을 가지게 됐거든요."

"하나님을 알게 됐다니 다행이네요."

"하나님이 죄 많은 놈한테 손 내밀어 주시고, 그 앞에 엎드려

지은 죄를 회개하도록 하고, 제 죄를 용서해 주셨습니다."

"하나님이…죄를 용서해 주셨다고요?"

"눈물로 회개하고 용서받았습니다."

"… …"

여기서 신애가 용서할 것은 아무것도 없었다. 절대자 신이 용서를 했다는데 미천한 인간이 더 용서할 구석이 남아있겠는가. 신애는 하나님이 자신이 해야 할 용서를 훔쳐 갔다고 생각한 것이다.

더 나아가 소설 속의 김 집사의 집요함에서 드러나듯 용서라는 것이 제3자에 의해 강요될 수 있는 것일까. 김 집사는 참된 신앙을 갖기 위해서는 가해자(살인자)를 용서하고 동정할 수 있어야 한다고 신앙의 이름으로 알암이 엄마를 집요하게 밀어붙였다. 흥미로운 점은 『벌레 이야기』를 원작 삼아 만든 영화 〈밀양〉을 보고 많은 사람들이 용서의 오용을 무겁게 생각하게 됐고, 진정한 사과 없는 용서가 얼마나 무의미한 것인가를 생각하게 됐다는 점이다.

여전히 좌충우돌 중

한없이 자비로운 자의 영웅적인 용서 이야기를 들을 때면 가해자를 무조건적으로 용서해야만 할 것 같고, 값싼 용서를 비판하는 이야기를 들을 때면 사죄와 참회가 있을 때 비로소 가해자를 용서해 주는 것이 맞다고 생각한다. 적지 않은 사람들이 용서와 관련하여 어떤 기준 없이 그때그때 다르게 느끼고 다르게 반응하며 좌충우돌한다. 무엇이 옳은 것일까? 조건적인 용서가 맞는 것일까? 무조건적인 용서가 맞는 것일까? 성경이 가르치는 용서는 어떤 것인가? 나는 이 지점에서 독자들에게 "독자 여러분은 용서를 어떻게 이해하고 있습니까?" 혹은 "독자 여러분은 용서를 어떻게 정의하고 있습니까?"라고 묻고 싶다.

2장

/

두 종류의 세상:

무조건적인 용서 & 조건적인 용서

두 종류의 세상 :
무조건적인 용서 & 조건적인 용서

공동체에 속해서 살아가는 사람이라면 누구나 한 번쯤 용서 문제로 지독한 몸살을 앓는다. 다시 말해서, 용서는 이웃과 더불어 살고 있는 우리의 일상과 떼려야 뗄 수 없다. 우리는 누군가의 잘못을 용서하기도 하고 누군가로부터 용서를 받으며 살아간다. 용서는 사회 구성의 최소 단위인 가족 안에서조차 예외일 수 없다. 부모는 자녀들의 잘못을 용서하기도 하고, 반대로 자녀들이 부모의 잘못을 용서하기도 한다. 오빠가 동생의 잘못을 용서하기도 하고, 반대로 동생이 오빠나 언니의 잘못을 용서하기도 한다. 심지어 유치원에 다니는 어린 원생들 사이에서도 용서는 오고 간다. 한 아이가 다른 아이에게 잘못했을 때, 선생님은 잘못한 아이에게 이렇게 말하며 가르친다:

"민수야, 영미에게 잘못했다고 말해야지. 누군가에게 잘못했을 때는 '잘못했어. 미안해'라고 말하는 거야."

그리고 다른 아이에게는 민수의 사과를 받아 줄 수 있도록 지도한다:

"영미야, 민수가 미안하다고 말하고 있는데, 용서해 줘야 하지 않을까?"

나이 지긋한 어른들로 구성된 공동체든지 어린아이들로 구성된 공동체든지 그 안에서 용서가 오고 간다.

어떤 공동체도 사과와 용서 없이는 제대로 유지되기 힘들다. 이렇게 단언해도 틀리지 않을 것이다. '실수든 고의든' 사람은 누구나 타인에게 말이나 행동으로 잘못을 행하며 죄를 짓고 살아간다. 그 누구도 타자에 대한 잘못, 혹은 죄로부터 자유롭지 못하다. 그러기에 '용서'는 우리가 살아갈 때 없어서는 안 될 공기 혹은 물과 같다. 그래서 어떤 사람들은 세상이 용서로 가득 찼으면 좋겠다고 말하기도 한다. 하지만 그런 세상이 과연 좋은 세상일까?

용서를 무조건적인 것과 조건적인 것으로 나눈다면, 무조건적인 용서만 있는 세상은 어떤 세상일까? 무조건적으로 용서를 해 주는 세상이니 그 세상은 분명 좋을 것이라고 생각하지만, 그 세상은 정말 좋은 세상일까? 반대로 조건적인 용서만 있는 세상은 어떤 세상일까? 사과와 회개 없이는 결코 용서가 주어지지 않는 세상이니 그 세상은 나쁜 세상일까? 너무 각박하고 야박한 세상이 되지는 않을까? 이 두 가지 종류의 극단적인 세상에 대한 상상은 용서의 참된 의미와 가치를 이해하는 데 도움을 줄 것이다.

무조건적인 용서만 있는 세상

가해자가 피해자에게 한마디 사과조차 하지 않음에도 가해자를 무조건 용서해 주는 세상, 그런 세상을 상상할 수 있을까? 가해자를 무조건 용서해 주는 그런 세상 말이다. 가벼운 잘못이든 사악한 죄악이든 어떤 절차(사과, 회개, 정화 과정 등, 그것을 무엇으로 부르든)도 없이 가해자를 용서해 주는 세상이다. 얼핏 생각해 보면, 무조건 용서해 주는 세상은 참 따뜻하고 사랑이 넘치는 세상일 것 같기는 하다. 책임을 묻지 않고 사과를 요구하지 않으며, 무조건 가해자를 용서해 주니 얼마나 관대한 세상인가! 결코 용서할 수 없는, 혹은 용서해서는 안 되는 잘못을 범한 가해자를 무조건적으로 용서해 주는 영웅적인 일화들을 듣게 될 경우 대부분의 사람들은 큰 감동을 받게 되는데, 그런 용서의 가치 여부를 떠나 정말 무조건적인 용서만 있는 세상이라면 그 세상은 아름다울 것 같다. 싸움이나 다툼도 없을 것 같고, 분냄과 논쟁도 없을 것 같다.

무조건적인 용서만 있는 세상 상상해 보기

그러나 무조건적인 용서만 있는 세상이 정말 좋은 세상일까? 몇 가지 상황을 간단하게 상상해 보면 답을 찾을 수 있을 것이다. 당신의 가까운 친구 한 명이 당신 앞에서는 당신을 매우 호의적으로 평가하고 좋아한다고 말하면서 당신이 없는 곳에서는 당신을 음해하고 돌아다니고 있다. 만일 당신이 그런 이야기를 제3자로부터 들었다고 상상해 보자. 사실 독자들에게 한 번 상상을 해 보자고 말했지만, 이러한 사례는 우리 주변에서 흔하게 찾아볼 수 있다. 정말 믿었던 친구였는데, 당신을 비열한 사람이라면서 헛소문을 내며 다닌다면, 당신의 명예는 공동체 내에서 심하게 훼손될 것이다. 또한 당신의 마음은 친구에 대한 깊은 배신감과 분노로 가득 차게 될 것이다. 그런데 그렇게 험담하고 돌아다니는 친구가 불쌍하다며 용서해야 겠다는 마음을 갖는 것이다. 물론 그런 마음을 품을 수는 있다. 험담하고 돌아다니는 그 친구가 당신에게 미안한 마음이나 사과는커녕 계속해서 비방하면서 돌아다니고 있음에도 그를 용서해 주는 것이다. 그러면 그 친구와 언쟁하며 다툴 일도 없을 것이고, 명예를 훼손

시켰다고 분내지 않을 수도 있다. 그 친구가 뭘 몰라서 그러는 것이니 불쌍히 여기면 된다고 생각하는 것이다. 그런데 이렇게 무조건적으로 용서해 주는 이런 세상을 당신은 어떻게 생각하는가?

만일 당신이 횡단보도를 건너는 중에 신호를 무시하고 달리던 어떤 음주운전자에게 치였다고 상상해 보자. 당신은 다리든 팔이든 신체 일부에 심각한 상해를 입었다. 그 결과 당신은 오랫동안 다니던 직장을 그만둬야 했고 경제적으로 심각한 위기 상황에 처하게 되었다. 그래서 자녀들의 교육을 제대로 시킬 수 없는 상황까지 전개되었지만 가해자는 미안해하지도 않고 사과하지도 않는 상황. 이 상황에서도 그냥 용서해 준다면, 그 세상은 아름다운 세상일까? 정말 그럴까? 음주운전자가 한 가족의 가장을 불구로 만들었음에도, 세상 살다 보면 그럴 수도 있는 것이라며 가해자의 사죄와 회개 없이 무조건 용서해 주는 세상이 좋은 세상이냐는 것이다.

만일 어떤 청년이 한밤중에 당신의 집 현관문을 은밀히 따고 들어와 결혼 예물과 귀중품을 훔치려하다가 그만 당신의 아내를 살해하게 되는 비통한 일이 벌어졌다면, 그래서 당신은 아내를 잃고 아이들은 엄마를 잃게 된 살인사건이 벌어졌다면 어떨까. 그런데도 살인자는 사죄의 말 한마디 하지 않고, 죄책감을 느끼지도 않는데 무조건적으로 그를 용서해 주는 세상이라면 그 세상은 과연 정말 공정하고 이상적인 세상일까?

용서, 그 불편함에 관하여

무조건적인 용서만 있는 세상의 결과

가해자의 죄를 무조건적으로 용서해 주는 세상이라면, 그 세상은 혼돈과 악으로 가득 차게 될 것이다. 그런 세상에서는 인류의 보편적 가치이자 성경도 중요하게 간주하는 '공의'와 '정의'가 무너지고 말 것이기 때문이다. 용서가 분명 아름답고 따뜻한 단어이며, 삶에 필수불가결한 것이고, 큰 감동을 주는 행위인 것만은 분명하다. 그러나 만일 용서가 무조건적으로 주어지기만 한다면, 가해자는 자신의 잘못에 대해 문제의식을 갖지 못할 것이고 동일한 잘못과 죄를 반복할 가능성이 높다. 무조건적인 용서는 용서를 싸구려로 만들고 사회에 해악을 끼치는 단어로 전락시킬 수 있다.

상상해 보자. 부부 사이에서 남편이든 아내든 외도를 했을 때 배우자의 사과 한마디 없이 그(녀)의 잘못을 무조건 용서해 준다면, 외도에 대한 죄의식은 사라지고 말 것이다. 궁극적으로 그들의 결혼생활은 유지될 수 없다. 무조건적인 용서는 애초에 예상했던 것과는 달리 더욱 나쁜 세상을 만드는 촉매제가 될 것이다. 잘못을 저지른 자녀를 부모가 무조건적으로 용서해 주기만 한다면, 그 자녀가 올바르게 성장할 가능성은 매우 낮다. 자녀가 마트에서 물건을 훔치고, 학교 친구의 돈을 갈취하며, 급우에게 폭력을 행사하는 데, 부모가 그런 잘못들을 무조건 용서한다면, 그 자녀의 미래가 어떻게 전개될

지는 자명하다.

　만일 강도 짓을 저지른 어떤 사람이 자신의 잘못을 뉘우치지 않음에도 불구하고 그에게 어떤 처벌도 없이 무조건적인 용서가 주어진다면, 그 사회는 혼돈 가운데 빠지고 말 것이다. 아지스 페르난도 (Ajith Fernando)는 자신의 책 『The Supremacy of Christ』에서 이 점을 명쾌하고 설명한다. 그는 강연에서 "하나님이 그냥 용서를 선언하실 수 없었나요? 그리스도가 죽음이라는 고통의 과정을 통과하는 것이 필요했던 건가요?"라는 질문을 받았다고 한다. 그는 이렇게 말한다:

> 하나님이 단순하게 용서를 선언한다면, 그것은 용서를 값싼 것으로 만들게 됩니다. 우리의 죄는 그런 반응[용서]을 받기에는 너무 심각합니다. 우리의 잘못이 그렇게 가볍게 취급받기에 우리가 너무 중요하기 때문입니다. 어린 시절 훈계를 제대로 받지 못한 사람들은, 즉 어린 시절 자신의 죄와 잘못들이 가볍게 취급되었던 사람들은 불가피하게 정서적으로 불안정한 상태의 사람들이 됩니다. 무의식적으로 그들은 자신이 중요한 존재라면 자신의 행동들이 진지하고 심각하게 다뤄질 것이라고 추론합니다. 부모와 다른 사람들이 자녀들의 어린 시절에 그들을 훈계하지 않으면 그것은 자녀들에게 그들

이 중요하지 않은 존재라는 메시지를 전달하게 됩니다. 이들 가운데 일부는 사람들의 관심을 받기 위해서 매우 폭력적으로 변하기도 합니다…오늘날 낮은 자존감이 매우 만연해 있습니다. 이것에 대한 원인들이 많이 있을 겁니다. 그러나 그중에 하나는 사람들의 죄가 심각하게 다뤄지고 있지 않는다는 데 있습니다.…하나님은 우리를 중요한 존재들로 간주하시기 때문에 우리의 죄에 대해 단순하게 용서를 선언할 수 없는 것입니다…게다가 단순히 용서하는 것은 정의를 조롱하는 것입니다(p. 160-61).

다시 말해서, 무조건적으로 용서해 주는 세상이 겉보기에는 평화롭고 감동적일 것 같지만, 실제로 이 세상은 우리가 생각하는 것보다 훨씬 더 거칠고 사나우며 혼란스러운 세상이 될 것이다.

심은하 주연의 〈미술관 옆 동물원〉(1998년)과 유승호 주연의 〈집으로〉(2002년)를 통해 자신의 이름을 알린 이정향 감독이 2011년 송혜교 주연의 〈오늘〉을 세상에 내놓았다. 〈미술관 옆 동물원〉은 멜로 드라마이고, 〈집으로〉는 가족 드라마였기 때문인지 이 두 영화는 많은 관객들로부터 사랑을 받았다. 그런데 〈오늘〉은 '용서'라는 주제를 다루고 있는 중요한 영화임에도 불구하고 관객 수가 고작 130,000명 정도에 그치면서 막을 내렸다.

감독 이정향은 〈오늘〉을 통해 '가해자를 무조건 용서하면 모두가 다 행복해질 것'이라는 믿음을 고발한다. 주인공 다혜(송혜교 분)는 뺑소니 사고로 약혼자를 죽인 17살 소년을 무조건 용서한다. 아무것도 따지지 않고 그가 잘되기를 바라면서 무조건 용서하면 앞으로 그 소년도 잘될 것이라고 생각한 것이다. 다혜는 탄원서를 써 주고 소년은 감옥에 가지 않고 학교로 돌아가게 된다. 그러나 그렇게 용서한 지 일 년이 지나갈 즈음 '용서'를 주제로 하는 다큐멘터리를 제작하면서 용서에 대한 다른 측면들을 접하게 된다. 다혜는 가해자를 무조건적으로 용서했던 자들과 그렇지 않은 자들을 찾아 인터뷰하면서 자신이 했던 무조건적인 용서가 정말 좋은 결과를 낳았을까를 의심하게 되고, 결국 확인해 보니 그 소년은 학교가 아니라 소년원에 있는 상태였다. 담당 형사의 이야기에 따르면, 그 소년은 뺑소니 사건으로 다혜의 약혼자를 죽이기 전에 이미 자신의 엄마를 칼로 찔러 죽이려 했던 전력이 있었다. 그런데 엄마는 아들을 보호하기 위해 신고도 하지 않았다. 그런 그 소년은 다혜의 탄원서 덕분에 뺑소니 사건 이후 학교로 돌아갈 수 있었다, 그러나 소년은 아버지를 심하게 자랑한다는 이유로 친구를 죽여서 소년원에 갇혀 있게 되었다는 것이다. 말하자면, 다혜의 무조건적인 용서와 탄원서가 또 다른 학생의 죽음을 가져온 것이었다. 자신의 마음이 편하자고 했던 용서, 무조건적으로 하면 가해자도 변할 것이라는 핑크빛 용서, 그렇게 성급하게 했던 용서가 거짓이었다는 것을 확인하게 된다. 결국 다혜는 자신의 용서가 또 다른 사람을 죽게 만들었다며 괴로워한다. 가해자의 회개 없이도 행해지는 무조건적인 용서가 아름다울 것 같았지만, 그 실상은 그렇지 않았던 것이다.

조건적인 용서만 있는 세상

반대로 조건적인 용서만 있는 세상을 상상해 보자. 모든 가해자는 열외 없이 자신의 잘못에 대해 반드시 사과하거나 회개하는 것을 조건으로 피해자의 용서를 받게 되는 세상이다. 이 세상은 가해자가 자신의 잘못을 분명히 인식하고 미안한 마음을 갖고 뉘우칠 때 비로소 용서가 주어지는 세상이기 때문에 공의와 정의가 무조건적인 용서만 주어지는 세상보다 훨씬 더 강고해질 것이다. 언뜻 보아도 가해자를 무조건적으로 용서해 주는 세상과는 달라 보인다.

그런데 가만히 생각해 보자. 우리가 살아가는 일상의 삶에서 조건적인 용서만 주어지는 세상, 즉 가해자가 반드시 진정으로 사과해야 비로소 피해자의 용서가 주어지는 그런 세상을 상상해 보라. 그런 세상은 정말 좋은 세상일까? 그 세상은 아름답고 공정하기만 한 세상일까? 가해자는 자신이 피해자에게 어떤 해를 입혔는가를 분명하게 인식하니 진심으로 미안한 마음을 갖게 될 것이고, 죄의식이 분명하니 가해자가 동일한 잘못이나 죄를 반복할 가능성은 낮아지게 될 것이다. 참된 사과를 조건으로 용서가 주어지는 세상이니 그런 세상은 실로 아름다울 것 같다.

조건적인 용서만 있는 세상 상상해 보기

그러나 좋을 것만 같은 그 세상에는 어두운 그림자가 없는 것일까? 우리의 삶과 인간관계가 더 각박하고, 더 소원(疏遠)해질 가능성은 없을까? 앞서 말했듯이 이 세상 사람들은 누구나 다 실수하며 죄를 짓는다. 성경은 모든 인간을 죄인으로 규정하고 있다. 인간의 죄성에 관해서는 굳이 성경을 인용하지 않더라도 대부분의 사람들은 자신이 허물 많은 존재라는 것을 잘 알고 있다. 날마다 이웃과 하나님께 부지불식간에 크고 작은 상처를 주고 죄를 짓는다. 그렇게 실수하며 죄를 짓는 우리에게 만일 진정으로 사과하고 뉘우칠 때라야 비로소 용서가 주어진다면, 우리는 대부분의 시간을 사과하고 용서하는 데 할애해야 할지도 모른다. 또한 우리의 삶은 매우 각박해질 수 있을 것이다.

부부 사이에도, 부모와 자녀 사이에도, 스승과 제자 사이에도, 직장 동료들 사이에도, 친구 사이에도, 연인 사이에도, 심지어 교회 공동체 안에서도 철저하게 조건적인 용서만 주어지게 된다면, 제대로 된 인간관계를 유지하는 사람들은 그리 많지 않게 될 것이다. 우리가 살아가는 공동체의 삶을 가만히 들여다보면 반드시 작은 잘못이든 큰 잘못이든 일일이 따지고 정확하게 사과를 받아 낸 다음에야 용서를 하게 되는 것은 아니다. 그런 스타일의 삶은 매우 피곤할 수 있다. 그냥 암묵적으로 원만하게 대충대충 덮고 넘어가는 경우가 얼마나 허다한가. 가해자의 잘못은 적당히 모호하게 덮여지고 그 결과로 인간관계는 유지된다. 어쩌면 피해자가 가해자의 잘못과 허물을 일일이 따지지 않고 대충대충 넘어갔기에 세상이 그나마 돌아가는 것은 아닐까 싶은 때가 많다.

출애굽기 21장을 보면, 소위 동해복수법(Lex Talion)이 나온다: "생명은 생명으로, 눈은 눈으로, 이는 이로, 손은 손으로, 발은 발로, 덴 것은 덴 것으로, 상하게 한 것은 상함으로, 때린 것은 때림으로 갚을지니라"(출 21:23-25; 신 19:21; 레 24:17-21). 고대 사회에서 동해복수법은 범법자(가해자)에게 규제를 가하여 사회 정의와 질서를 유지시키기 위한 것으로 작동했지만, 동시에 피해자가 가해자에게 자신이 당한 피해 보다 훨씬 더 많은 것으로 보복하려는 것을 미연에 방지하여 보복의 악순환을 끊기 위한 것으로 작동하기도 했다. 물론 이 동해복수법이 문자적으로 잘 실천되었는지에 대해서는 회의적인 시각이 적지 않다. 여하튼 이 법은 언뜻 생각할 때 사회를 더 공의롭고 정의롭게 만들 것처럼 보인다. 범죄를 예방하고, 복수의 사슬을 끊는 역할이 기대되기 때문이다. 그러나 눈 하나를 뽑힌 피해자가 자신의 피해에 대한 대가로 똑같이 가해자의 눈 하나를 뽑아버리는 것이 허용되는 세상을 아름다운 세상으로 정의하는 사회와 세상은 정작 없을 것이다. 예수님도 마태복음 8장 38-42절에서 동해복수법을 넘어서는 법을 말씀하지 않던가:

> 또 눈은 눈으로, 이는 이로 갚으라 하였다는 것을 너희가 들었으나, 나는 너희에게 이르노니 악한 자를 대적하지 말라 누구든지 네 오른편 뺨을 치거든 왼편도 돌려 대며 또 너를 고발하여 속옷을 가지고자 하는 자에게 겉옷까지도 가지게 하며 또 누구든지 너로 억지로 오 리를 가게 하거든 그 사람과 십 리를 동행하고 네게 구하는 자에게 주며 네게 꾸고자 하는 자에게 거절하지 말라(마 5:38-42)

가해자가 용서를 구하지 않으면

더군다나 조건적으로 용서해 주는 세상은 가해자가 자신의 잘못을 인정하고 사과하는 것을 전제로 용서가 주어지기 때문에 가해자가 이런저런 이유로 사과하지 않게 되면 결코 용서가 주어지지 않는 세상이 되고 만다. 특히 가해자가 자존심이 강하고 마음이 완악하여 자신의 잘못에 대해 사과하지 않게 되면 용서는 결코 주어지지 않게 될 것이다. 그러면 가해자와 피해자 사이의 관계는 회복되지 못한 채 평행선을 달리다가 결국은 완전히 깨지고 말 것이다. 또한 가해자 자신이 무엇을 잘못했는지 인식하지 못하는 경우, 진정으로 자신의 잘못을 뉘우치지 못할 것이다. 따라서 사과하지도 못할 것이니, 용서가 주어지지 않을 것이다. 이에 조건적인 용서만 있는 세상은 인간의 연약성과 강퍅함으로 인해 처음 상상했던 것과는 달리 각박한 세상이 될 가능성이 없지 않다.

불완전한 두 종류의 극단적인 세상

이처럼 두 가지 종류의 극단적인 세상은, 용서가 무조건적으로 주어지든 조건적으로 주어지든, 완전하지도 않으며 이상적이지도 않다. 언뜻 보면, 어느 쪽의 세상이든 좋아질 것 같지만 현실적으로는 그렇지 않다. 용서라는 것이 우리 인생에서 공기처럼 절대적으로 필요하다는 것은 분명하다. 그러나 무조건적인 용서만 고집하는 세상도, 조건적인 용서만 고집하는 세상도 완전한 세상이 아니라는 것 또한 사실이다.

게리 리지웨이에게 했던 룰의 용서를 보면서 '저런 용서가 진정
한 용서입니다. 우리 모두 저런 용서를 우리의 모델로 삼아야 합니
다. 용서는 무조건적이어야 합니다'라고 섣불리 단정하지 않았으면
좋겠다. 반대로 강퍅한 마음으로 가해자를 결코 용서하지 않겠다고
다짐하지도 않았으면 좋겠다. 용서는 해야 하나 그 용서가 어떤 성
격의 용서인가가 중요하다.

3장

/

용서,
왜 이렇게 어렵죠?

용서, 왜 이렇게 어렵죠?

누군가와 용서를 주제로 이야기할 때마다 자주 듣게 되는 말이 있다. 그것은 "용서는 참 어려운 것 같아요" 혹은 "참 어려운 주제네요"라는 표현이다. 거의 언제나 형용사 '어렵다' 앞에 부사 '참'이 들어갔다. 그것은 이 표현을 말했던 화자가 용서를 해 보려고 진지하게 노력해 보았지만 그리 성공적이지 않았었던 경험, 혹은 용서에 성공은 했더라도 굉장히 힘겨운 과정을 거쳐야만 했던 경험에서 우러나온 것처럼 들린다.

노래 〈사랑 참 어렵다〉에서 가수 이승철은 "사랑이 정말 있기는 한 거니…사랑 참 어렵다. 어렵다. 많이 아프다. 내 모든 걸 다 주어도 부족한 사랑 참 어렵다"라고 노래했다. 사랑이란 단어는 듣기만 해도 좋을 텐데 실상은 자신의 것을 다 주어도 부족하다고 느끼게 되니 힘들다고 노래한다. 용서도 마찬가지다. 용서가 실제로 가능한 것이기는 한 것일까? 용서는 영성이 특별한 일부 사람에게나 가능한 것은 아닐까? 이렇듯 용서라는 단어는 어딘지 모르게 숭고해 보이기는 하지만 실천에 옮기기는 참 어렵다.

어떤 사람은 가해자를 용서하고 싶은데 마음속의 분노가 좀체 가시지 않아 힘들다고 말한다. 어떤 사람은 용서를 하고 싶어도 어떻게 해야 되는 것인지를 모르겠다면서 힘들어 하기도 한다. 또 어떤 사람은 세월이 많이 흘러 마음속에 상처만 남아 있고 용서의 대상이 모호해져서 무엇을, 그리고 누구를 용서해야 될지 몰라 힘들어하기도 한다. 때로는 용서에 대한 기준이 없어 좌충우돌하며 어찌해야 할지 몰라 당황하곤 한다. 가해자의 사과 없이 무조건 용서해 주는 것이 옳은 것인지, 가해자의 사과를 전제로 하는 조건적인 용서가 모든 측면에서 옳은 것인지 그 가운데서 헷갈리는 것이다.

그러나 우리가 일상을 살면서 용서를 힘들어할 때, 이러한 것들만 문제가 되는 것은 아니다. 몇 가지 다른 초보적인 이유들도 존재한다. 세 가지 이유를 생각해 볼 수 있다. 첫째는 용서에 대한 모호한 정의 때문이고, 둘째는 용서의 기준이 모호하기 때문이다. 그리고 셋째는 용서의 적용 범위가 모호하기 때문이다. 이외에도 용서를 힘들게 하는 이유들이 많이 있겠지만, 이 세 가지를 함께 고민해 보자. 이에 먼저는 용서하는 것을 힘들게 하는 세 가지 이유들에 대해 집중해 보고자 한다. 이후 그에 대한 대안들은 4장부터 구체적으로 살펴볼 것이다.

정의의 모호함

　용서를 힘들게 하는 첫 번째 이유는 용서를 모호하게 정의하고 있는 데 있다. 실연당한 남자에게 그의 친구가 "세상에는 여자들이 많으니 앞으로 더 멋진 여자를 만날 거야"라고 위로하자 그 남자가 울부짖으면서 외친다: "네가 사랑을 알아? 네가 사랑을 아냐고?" 그 남자는 자신의 친구가 사랑을 모르기에 그렇게 말한 것이라고 생각한 것이다. 물론 실연당한 남자가 생각하는 '사랑의 의미'와 그 친구가 정의하고 있는 '사랑의 의미'가 다를 수도 있다. 여하튼 독자들은 사랑을 무엇이라고 생각하는가? 아니 용서를 무엇이라고 정의하는가?

　반복해서 말하는 것이지만, 우리는 평생 용서를 주고받으며 살아간다. 그런데 정작 "용서가 무엇이냐?"라고 물어보면, 특별히 "성경이 가르치는 용서가 무엇이라고 생각하는가?"라고 물으면, 머뭇거리며 답하기를 어려워한다. 조금 더 채근해서 답을 요청하면, "무조건 덮어 주는 것이 용서에 대한 성경의 가르침 아닌가요?"라며 오히려 내게 되묻는다. 답을 모르고 있다는 뜻이다. 용서에 대한 정의를 선명하게 갖고 있지 않다 보니 용서를 할 때 힘들어하게 된다. 한 단어에 대한 모호한 정의는 결국 그 단어에 대한 모호한 행동을 낳게 한다.

용서와 사랑은 동의어 아닌가요?

나는 이 책에서 '성경적인 용서는 조건적이다'라고 주장한다. 이 주장은 매우 단순하다. 그런데 이 주장을 본격적으로 다루기도 전에 우리는 여러 가지 장애물들과 부딪히게 된다. 그중 하나가 바로 '용서'와 '사랑'을 동의어로 보는 경향이다. 용서를 주제 삼아 토론할 때마다, 흥미롭게도 용서와 사랑을 동의어로 간주하고 있거나, 심지어 용서와 사랑을 절대적 동의어(absolute synonym)로 간주하는 사람들을 많이 보았다. 특별히 기독교인들은 '누군가를 용서한다'라는 말은 '누군가를 사랑한다'는 의미로 받아들였고, (신적인) 사랑은 무조건적이기 때문에 용서도 무조건적일 수밖에 없다는 결론을 내렸다. 더욱이 그들은 성경에서 보여주는 하나님의 사랑을 무조건적인 사랑으로 이해했고, 따라서 용서에 대한 성경의 가르침도 당연히 무조건적일 수밖에 없다고 주장했다. 그들은 '나는 그 죄인을 사랑한다'라는 표현과 '나는 그 죄인을 용서한다'라는 표현 사이에 어떤 의미론적 차이를 두지 않는다.

그러나 사랑은 용서를 포괄(包括)하는 단어이다. 그 둘은 결코 동의어가 아니다. 용서를 논하면서 이 점을 분명히 집고 넘어가야겠다고 생각한 이유는 위에서 언급한 것처럼 사랑과 용서 사이에 놓인 미묘한 의미론적 차이를 구분하는 자들 중에도 용서를 주제로 토론하는 중에 '사랑'과 '용서'를 동의어로 혼동하는 경우가 너무 잦았기 때문이다. 그 혼동으로 인해 토론 혹은 논의가 원점으로 되돌아가곤 했다. 용서하는 것은 사랑의 행위이고, 사랑은 무조건적이기 때문에 용서도 무조건적이라는 논리였다. 여기서 분명히 해야 할 것은 '용서'와 '사랑'은 결코 동의어가 아니며, 우리가 이 책에서 생각해 보려는 것은 '용서'에 관한 것이지 '사랑'에 관한 것이 아니라는 점이다.

여하튼 '용서'와 '사랑'을 동의어로 간주하려는 성향을 막기 위해서 두 단어가 동의어가 아니라는 점을 집고 가야겠다. 무엇보다 먼저 두 단어가 동의어가 되기 위해서는 어떤 문장 혹은 문맥에서 서로 바꿔 사용되어도 동일한 의미를 전달할 수 있어야 한다. 예를 들어, 한 남자가 자기 애인에게 청혼하면서 "너를 매우 사랑한다. 나와 결혼해 주겠니?"라고 말했을 때, '사랑' 대신에 '용서'를 집어넣어도 같은 의미를 전달할 수 있는지를 확인해 보면 쉽게 이해할 수 있다. 만일 두 문장이 같은 의미를 전달하면, '사랑'과 '용서'는 동의어가 될 수 있지만, 그렇지 않다면 동의어가 될 수 없다. 물론 두 문장에서 '사랑' 대신에 '용서'를 집어넣을 경우 구문론적인 차원에서 어떤 하자도 없는, 즉 두 문장은 구문론적으로 완벽하게 동일하다.

"너를 매우 사랑한다. 나와 결혼해 주겠니?"

"너를 매우 용서한다. 나와 결혼해 주겠니?"

그런데 청혼이라는 문맥과 '매우'라는 부사를 고려해 보면, 두 문장이 의미론적인 차원에서 동일하지 않다는 것을 알 수 있다. 청혼하는 상황(문맥)에서 애인에게 "나와 결혼해 주겠니?"라고 말하기 전에 "내가 너를 매우 용서한다"라고 말하는 사람도 없을뿐더러, '용서하다'라는 말 앞에 '매우'라는 부사를 쓰지도 않기 때문이다. '매우'와 '사랑하다'는 자연스럽지만, '매우'와 '용서하다'는 자연스럽지 않다. '용서하다' 앞에는 '매우'보다 '정말' 혹은 '진심으로'가 더 자연스럽다. 즉 "너를 정말 용서한다." 혹은 "너를 진심으로 용서한다."는 자연스럽지만, "너를 매우 용서한다"는 그렇지 않다. 이런 간단한 예를 보더라도 사랑과 용서를 동의어로 보는 것은 맞지 않다.

또 다른 간단한 예를 생각해 보자. '사랑하다'와 '용서하다'의 목적어를 살펴보면 두 단어가 동의어가 될 수 없다는 것을 확인할 수 있다. 즉 '사랑하다'의 목적어는 매우 다양하다. 예를 들어서, '나는 산을 사랑한다', '나는 야구를 사랑한다', '나는 비빔밥을 사랑한다', '나는 애인을 사랑한다', '나는 내 직업을 사랑한다' 등, '사랑하다'의 목적어는 실로 다양하고 폭넓다. 그러나 그 목적어들을 모두 동사 '용서하다'의 목적어로 취할 수는 없다. 예를 들어서, 일반적으로 "나는 산을 사랑한다"고 말할 수는 있지만, "나는 산을 용서한다"라고 말하지는 않는다. "나는 야구를 사랑한다."고 말할 수 있지만, "나는 야구를 용서한다"라고 말하지는 않는다. "나는 내 직업을 사랑한다"라고 말할 수는 있지만, "나는 내 직업을 용서한다"라고 말하지는 않는다.

특별히 죄(악) 혹은 죄인(악인)을 목적어로 취할 때, 동사 '사랑하다'는 죄인과 악인을 목적어로 취하여 "나는 그 죄인을 사랑한다" 혹은 "하나님은 그 악인을 사랑한다"라고 말할 수 있지만, "하나님은 그 죄를 사랑한다"라고 말하지는 않는다. 즉, 동사 '사랑하다'의 목적어로 '죄인'은 올 수 있지만 '죄'는 사용되지 않는다. 반면, 동사 '용서하다'의 목적어로는 '죄', '죄인', '가해자'가 모두 올 수 있다. '나는 그 죄를 용서한다', 혹은 '나는 그 죄인을 용서한다' 그리고 '나는 그 가해자를 용서한다' 등으로 표현할 수 있다. 물론 동사 '용서하다'의 목적어로 사람이 오기도 하지만 의미 차원에서는 그 사람이 아니라 그 사람의 죄를 목적어로 취하는 것이다. 따라서 동사 '사랑하다'는 '용서하다'의 목적어들 가운데 일부만을 목적어로 취한다는 점에서 이 두 단어는 서로 다르다.

꽃과 장미의 관계

적지 않은 사람들이 '용서'와 '사랑'을 동의어로 간주하는 까닭은 '사랑'의 의미론적 포괄성을 충분히 이해하지 못한 데 그 원인이 있는 것으로 보인다. 즉, 용서는 사랑에 기초하여 구현되는 여러 행위들 가운데 하나이지만, 사랑이 용서에 기초하여 구현되는 행위가 아니라는 점을 놓치고 있기 때문이다. 부모가 자녀를 사랑하기 때문에 혼내기도 하고 용서하기도 하는 것이지, 부모가 자녀를 용서하기 때문에 자녀를 사랑하는 것은 아니다. 하나님이 자신의 언약 백성을 사랑하기 때문에 고난을 주기도 하고 심판을 행하시기도 하며 용서하는 것이지, 하나님이 이스라엘을 용서하기 때문에 그들을 사랑하는 것은 아니라는 말이다. 즉 사랑은 용서를 포함하는 포괄적인 단어이다.

일반적으로 단어의 의미를 설명할 때 수평적으로 설명해 볼 수 있다. 예를 들어서, 하나의 단어는 어떤 상황에서 어떤 특정한 의미를 가지고 태어났더라도(신조어), 다양한 상황을 경험하면서 본래의 의미보다 더 확장되거나 더 많은 의미로 쓰이게 되는 경우도 있고 (다의어), 어떤 단어들과는 반대 의미 때문에 서로 충돌하게 되며(반의어), 비슷한 단어들은 끼리끼리 뭉치기도 하고(유의어/동의어), 그러다가 어떤 단어들은 생명을 다하고 죽게 된다(사어). 이것은 단어의 삶에 대한 수평적인 설명이다.

반면에 단어를 수직적으로도 설명할 수도 있는데, 상위어와 하위어에 대한 분류가 그것이다. 예를 들면, 꽃과 장미의 관계를 생각해 볼 수 있다. 꽃이라는 단어가 있고, 그 밑에는 다양한 종류의 꽃들(장미, 백합화, 국화, 개나리, 봉선화 등등)의 이름들이 존재한다. 즉, 꽃은 장미보다 상위에 위치하면서 장미를 포괄하지만 장미는 꽃을 포괄할 수 없다. 꽃은 상위어이고, 장미는 하위어이기 때문이다. 예를 들어, '나는 장미를 좋아합니다'라는 문장에서 '장미' 대신에 '꽃'을 넣어도 똑같은 의미를 전달할 것 같지만 그렇지 않다. "나는 꽃을 좋아합니다"라고 말하면 화자는 꽃의 종류를 떠나서 모든 꽃을 좋아한다는 의미를 전달하지만, "나는 장미를 좋아합니다"라고 말하면, 다양한 종류의 꽃들 중에서 유독 '장미'를 좋아한다는 의미를 전달하기 때문이다. 따라서 '나는 장미를 좋아한다'는 문장과 '나는 꽃을 좋아한다'는 문장의 의미가 비슷해 보이지만 매우 다르다고 할 수 있다.

꽃
장미
백합화
개나리
봉선화
등등

'철수는 영희에게 장미를 주었다'라는 문장에서 '장미' 대신 '꽃'을 넣어도 구문론적으로는 동일한 문장이 된다. 철수가 영희에게 장미라는 꽃을 실제로 주었다면 그 문장은 사실을 전달하는 문장이 된다. 그러나 '장미' 대신에 '꽃'을 넣어서 '철수는 영희에게 꽃을 주었다'라는 문장을 만들면 '철수는 영희에게 장미를 주었다'라는 문장과 다른 의미를 전달하게 된다. 왜냐하면 철수가 영희에게 장미를 주었는지, 튤립을 주었는지, 백합을 주었는지 알 수 없기 때문이다. 이렇듯 두 단어, '꽃'과 '장미'는 비슷해 보이지만 동의어는 아니다. 이런 경우 '꽃'을 상위어, '장미'를 하위어라고 부른다.

또 다른 간단한 예를 생각해 보자. 동물은 상위어이고, 강아지나 고양이 등 동물의 종(種)은 하위어로 분류된다. 몸은 상위어이지만, 팔과 다리 등 신체 일부분은 하위어에 속한다. 색이라는 단어는 상위어이며, 빨강 혹은 노랑은 각각 하위어이다. 상위어는 하위어를 포괄하지만, 하위어는 상위어의 의미를 포괄하지 않는다. 고린도전서 13장 4-7절(개역한글)을 보면 사랑이 얼마나 많은 것을 포괄하는지 알 수 있다. '사랑은 오래 참고 사랑은 온유하며 투기하는 자가 되지 아니하며 사랑은 자랑하지 아니하며 교만하지 아니하며(4), 무례히 행치 아니하며 자기의 유익을 구치 아니하며 성내지 아니하며 악한 것을 생각지 아니하며(5), 불의를 기뻐하지 아니하며 진리와 함께 기뻐하고(6), 모든 것을 참으며 모든 것을 믿으며 모든 것을 바라며 모든 것을 견디느니라(7).' 사랑은 이렇게 다양한 것들을 포괄하고 있다: 오래 참음, 온유, 투기하지 아니함, 자랑하지 아니함, 교만하지 아니함, 무례히 행치 아니함, 자기의 유익을 구치 아니함, 성내지 아니함, 악한 것을 생각지 아니함, 불의를 기뻐하지 아니함. 여기서 온유함을 사랑의 여러 속성 가운데 하나라고 말할 수는 있어도, 사랑을 온유의 여러 속성 가운데 하나라고는 말할 수는 없다. 온유가 사랑을 포괄하는 것이 아니라 사랑이 온유를 포괄하기 때문이다.

이와 같이, '사랑'과 '용서'는 의미론적으로 서로 치환될 수 없다는 점과 사랑은 용서를 포괄하는 훨씬 더 큰 개념이라는 점에서 서로 동의어가 될 수 없다. 용서는 사랑의 표현 방식 가운데 한 가지일 뿐이다. 하나님의 사랑이 자신의 창조 세계에 대한 감정(emotion)이라고 말한다면, 용서는 그 감정을 표현하는 여러 행위(activity) 가운데 하나라고 설명할 수 있다. 하나님은 자신의 백성을 사랑하시는데, 그 사랑을 표현하는 방식이 때로는 채찍을 들어 심판하시는 모습으로, 때로는 용서하시는 모습으로, 때로는 혹독하게 훈련하는 모습으로 나타난다. 출애굽 한 이스라엘 백성이 10여 일 만에 통과할 수 있었던 광야에서 40년이란 긴 시간을 보내야 했다는 것은 잘 알려진 사실이다. 그것은 그들의 불신앙에 대한 하나님의 심판이었고, 동시에 혹독한 훈련의 의미가 담겨 있었지만, 그 광야생활은 그들에 대한 하나님 사랑의 또 다른 표현이기도 했다. 그들에 대한 하나님의 사랑이 없었다면, 이스라엘 백성들에게 희망을 두지 않았을 것이고, 그들을 영원히 버렸을 것이기 때문이다. 다시 말해서, 자기 백성들을 사랑하시는 하나님의 사랑은 그 표현 방식에 있어서 다양하기 때문에 드러난 행위나 모습(심판, 훈계, 훈련, 용서 등)만을 가지고 그것이 사랑의 전부인 것으로 오해하지 않도록 주의해야 할 필요가 있다.

기준의 모호함

용서가 힘든 이유들 가운데에는 용서를 모호하게 정의하고 있는 것도 하나의 이유가 되겠지만, 용서의 기준을 모호하게 갖고 있는 것도 용서를 힘들게 하는 이유가 될 수 있다. 살아온 날들을 되돌아 보면, 용서를 받았던 경우도 많이 있었겠지만 용서를 했던 경우도 많을 것이다. 그런데 자기에게 상처와 해를 입혔던 가해자를 어떤 기준으로 용서해 주었는지 기억나지 않을 수 있다. '그냥' 용서해 주었다거나 '기분이 좋아서' 용서해 주었다고 말하는 이들도 적지 않을 것이다. 물론 날씨가 좋아서 용서해 주지는 않았을 것이다. 말 그대로 '그냥' 용서해 주었거나, 자신의 분노를 어떻게든 해결해야 하니까 '그냥' 덮고 넘어가는 방식으로 용서해 주었거나, 용서한 것이 아니라 사실은 '그냥' 무시했던 것일 수도 있다. 여하튼 자신에게 상처와 해를 입힌 가해자를 어떤 기준에 근거해서 용서해 주었는지, 그 기준이 분명치 않았을 것이라는 점이다. 내가 이 글을 읽고 있는 독자들에게 "과거나 최근에 누군가를 용서해 주었던 때를 떠올려 보고, 어떤 기준에 근거해서 가해자를 용서해 주었습니까?"라고 물어보면, 당신은 어떻게 답하겠는가? 당신은 가해자를 용서할 때 어떤 근거나 원칙을 가지고 있는가? 아니면 그때그때 다른가? 그런데 의외로 그 모호한 기준이 용서를 힘들게 하고, 때론 참된 용서의 길로 들어서지 못하게 한다.

앞서 나누었던 두 세상(무조건적인 용서만 있는 세상과 조건적인 용서만 있는 세상) 사이에서 좌충우돌하며 그때그때 상황에 따라, 혹은 기분에 따라 용서를 했을 가능성이 없지 않을 것이다. 비근한 예로 2012년 12월에 상영한 〈레미제라블〉과 그에 따라 발생한 사회 분위기를 떠올려 볼 수 있다. 빅토르 위고의 원작 소설(1862년)을 스크린에 옮긴 이 영화는 뮤지컬이라는 장르임에도 많은 사람들이 영화관을 찾았다. 원작 소설은 19세기 초 프랑스 민중의 비참한 삶과 군주제 폐지를 위해 1832년 6월 5일부터 6일까지 단 하루 동안에 있었던 사건을 소재로 쓰였던, 일종의 사회개혁 소설이라고 할 수 있다. 이렇게 겉으로는 정치적인 배경을 깔고 있지만, 그 안에는 종교적인 색채가 매우 짙게 녹아들어 있다. 줄거리는 단순하다. 빵 한 조각을 훔친 죄로 19년 동안 옥살이를 한 장발장이 가석방되지만 전과자라는 낙인 때문에 사회로부터 외면당하게 된다. 그러던 어느 날 우연히 성당에 들르게 되고 거기서 만난 미리엘 신부는 그를 따뜻하게 맞아준다. 그에게 포도주와 빵을 주고 쉴 수 있는 공간을 제공한다. 하지만 장발장은 성당에 있던 은그릇을 훔쳐 달아나게 되고 도중에 경찰에 잡혀 성당으로 끌려오게 된다. 그때 미리엘 신부는 장발장이 갖고 있는 은그릇들은 자기가 준 것이며 더 나아가 은촛대 두 개를 더 준다. 신부의 말 한마디면 감옥으로 다시 돌아갈 수밖에 없었던 그는 미리엘 신부의 따뜻한 마음과 무조건적인 용서에 크게 감화를 받고 새로운 삶을 살기로 결심한다. 장발장 또한 자신을 잡아들이려던 자베르 경감을 여러 차례 살려주고, 코제트를 팔고자 했던 테나르디에 부부까지도 용서한다.

미리엘 신부의 용서와 그 영향으로 변한 장발장의 삶은 감동적이다. 반면 원리 원칙에 따라 움직였던 자베르 경감은 차갑고 잔인해 보인다. 미소라곤 찾아볼 수 없는 부싯돌 같은 굳은 얼굴이 그가 어떤 사람인가를 잘 보여준다. 그는 율법과 질서, 더 나아가 사회 질서의 수호자로 상징되어 그 안에서 절대적으로 필요한 존재임에도 불구하고 많은 관객들로부터 외면을 받는다. 특히 법과 질서보다 정(情)을 중시하는 한국 사람들에게는 더욱 외면을 받았다. 반면 무조건적인 용서를 경험한 후 새사람이 되어 살아갔던 장발장의 삶은 감동적인 모델로 다가온다. 이와 같은 자베르와 장발장의 대조적인 모습을 보면서 관객들은 생각한다. 관객들은 미리엘 신부의 무조건적인 용서 때문에 장발장이 변했다는 점을 기억하면서 무조건적인 용서만이 사람을 변화시킨다는 결론을 내리게 된다.

그러나 여기가 바로 고민해야 할 지점이다. 분명 용서의 힘이 대단한 것은 사실이나, 무조건적인 용서가 반드시 죄인의 변화를 담보할 수 없기 때문이다. 다시 말해서, 미리엘 신부의 무조건적인 용서에는 장발장이 변할 수도 있고, 계속 도둑으로 살아갈 수도 있다는 개연성이 내재되어 있다. 미리엘 신부가 장발장을 용서할 당시 장발장의 미래는 의문 부호로 가득 찬 미지의 세계로 향해 있었다. 물론 소설 속의 장발장은 감사하게도 변화를 경험하고 새로운 삶을 살았지만, 무조건적인 용서가 모든 사람을 '항상' 변화시킨다고 단정할 수는 없다. 이것은 일상생활에서 자녀를 둔 부모들이 경험하는 것이기도 하고, 학교에서 소위 문제아 학생들을 지도하는 교사들이 경험하는 것이기도 하다. 잘못을 저지른 자녀나 문제아 학생들을 무조건적으로 감싸고 용서하였다고 해서 그들이 자동적으로 변할 것이라고 생각하는 순진한 부모들과 교사들은 많지 않을 것이다.

물론, 정의와 공의의 심판 대신에 따뜻한 훈계와 용서로 인하여 변화를 경험하는 자녀와 학생들이 있다는 것이 얼마나 감사하고 다행스러운 일인지 모른다. 그러나 그 아름다운 사례들이 '무조건적인 용서는 반드시 변화를 가져온다'라는 방정식을 성립시키는 것은 아니다. 변화냐 무변화냐라는 개연성이 놓여 있을 뿐이다. 미리엘 신부의 선행과 용서는 따뜻하고 아름다운 일이지만, 그것을 보고서 '무조건적 용서=변화'라는 등식을 제시하거나 강요하는 것은 바람직하지 않다는 것이다. 그것은 우리 자신의 삶을 돌아보아도 쉽게 증명된다.

살인자가 된 꼬마

우리가 몸담고 있는 현실을 유의하여 살펴보면 〈레미제라블〉의 이야기와 반대되는 이야기도 엄연히 존재한다. 다음은 어렸을 때 읽었던 책 가운데 나오는 내용이다.

한 형사가 있었다. 어느 날 꼬마 아이가 가게에서 초콜릿을 훔치다 주인에게 걸렸고, 지나가던 형사에게 넘겨지게 되었다. 이 형사는 그 아이를 경찰서로 데려가 따끔하게 혼내려고 하다가, 그가 처한 상황이 너무 딱하고 불쌍하여 그냥 풀어주었다고 한다. 그리고 몇 년이 흘렀다. 어느 날 이 형사의 관할 지역에 살인 사건이 발생했다. 부모가 자식에 의해 살해당한 사건이었다. 형사가 범인을 잡아 조사해 보니 자기 앞에 앉아 심문을 받고 있던 살인범은 몇 해 전 자기가 불쌍하다고 생각하면서 아무 조건 없이 용서하고 풀어주었던 바로 그 꼬마였던 것이다. 그 꼬마 아이는 초콜릿을 훔친 죄에 대해 아무런 양심의 가책을 받지 않고 컸고, 형사가 자기를 조건 없이 풀어준 것이 죄악의 도화선이 되었던 것이다. 사람들은 그 꼬마가 살인자가 된 나쁜 결과만을 가지고 형사의 무조건적인 용서를 비난했다는 것이다. 무조건적인 용서가 가져온 비극이다.

앞에서 나누었던 송혜교 주연의 〈오늘〉에도 비슷한 이야기가 나오지 않던가. 주인공 다혜(송혜교 분)는 자신의 약혼자를 뺑소니로 죽였던 소년을 무조건적으로 용서한다. 하지만 일 년도 못 되어 그 소년은 친구가 자기 부모를 지나치게 자랑한다는 이유로 살해하고 소년원에 갇히게 된다. 결국 다혜는 무조건적인 용서를 신봉하다가 자신의 그런 용서 때문에 또 다른 희생자가 발생했다는 사실을 확인하고 심한 죄책감을 갖게 된다. 무조건적인 용서가 가져온 어두운 그림자이다.

용서가 어려운 이유들 가운데 하나가 바로 이것이다. 용서의 기준이 없거나 모호하다는 것이다. 기준 없이 어떤 때는 무조건적으로 용서해 주기도 하고 어떤 때는 조건적으로 용서해 주는 것이다. 그러나 용서의 주체가 기준이 없다보니 분위기에 휩쓸리기가 너무 쉽다. 앞서 언급했던 것처럼 〈밀양〉과 같이 용서가 남용되는 것을 지적하고 있는 영화를 보면 그렇게 하지 말아야지 했다가 〈레미제라블〉과 같이 무조건적인 용서를 긍정적으로 그리고 있는 영화를 보면 무조건 용서해야 겠다는 결심을 한다. 이렇듯 용서에 대한 기준이 모호하다 보면 조건적이든 무조건적이든 용서를 받은 자의 결과가 좋으냐 나쁘냐에 따라 용서를 '좋다' 혹은 '나쁘다'라고 판단하게 된다. 이런 모습은 교회 안에서도 발견된다. 성경이 말하는 용서가 무엇이고, 성경적인 용서의 기준이 무엇인지, 그리고 참된 용서를 행할 때 성령의 도움이 얼마나 절실한지에 대한 지식이 깊지 않다 보니 많은 이들이 힘들어 하는 것을 보게 된다.

대상의 모호함

용서의 기준이나 원칙이 없는 것도 용서를 힘들게 하지만, 용서의 대상에 대한 모호함도 용서를 힘들게 한다. 나는 여기서 독자들에게 질문 하나를 던져 보고 싶다. "우리의 용서 대상은 무엇인가?" 혹은 "우리의 용서 대상은 누구인가?" 나는 '무엇'과 '누구'라는 단어를 사용했다. 어쩌면 독자들은 이 질문들이 너무 뻔하고 진부해서 살짝 당혹스러울 수 있다. 부당함이나 죄가 용서의 대상(무엇)이고, 가해자나 죄인이 용서의 대상(누구)이라는 것을 우리는 이미 잘 알고 있기 때문이다. 그러나 이 글을 읽고 있는 독자들은 적어도 '용서'에 깊은 관심을 갖고 있는 분들일 것이기에 아래 질문들을 과감히 던져 보고 한 번 답해 볼 것을 권하고 싶다.

① 우리는 '무엇'(what)을 용서하는 것인가? 아니면 우리는 '누구'(who)를 용서하는 것인가?

② 우리는 개인(individual)을 용서하는 것인가? 아니면 공동체/단체(group, community, nation)도 용서할 수 있는가?

③ 우리는 눈앞에 있는 가해자만을 용서할 수 있는가? 아니면 우리 앞에 보이지 않는 가해자도 용서할 수 있는가?

④ 어느 정도의 해를 입었을 때 비로소 용서라는 단어를 적용할 수 있는 것인가?

용서의 대상은 '무엇'(what)인가, 아니면 '누구'(who)인가?

이 질문은 앞에서 언급했듯이 어쩌면 독자들에게 식상해 보일 수도 있다. 그러나 용서의 대상을 분명히 하기 위해 한 번쯤은 집고 넘어가는 것이 좋겠다. 우리는 '무엇'을 용서하는 것인가? 아니면 '누구'를 용서하는 것인가? 결론부터 말자하면, 용서의 대상은 사물이나 상황이 될 수 없다. 사물이나 상황이 우연찮게 자신에게 신체적으로나 심리적으로 심각한 해를 입혔다고 하더라도, 그래서 주체할 수 없을 정도로 분노가 치밀어 오른다고 해도, 그것(it)에게 용서를 줄 수는 없다. 그 상황은 피해자가 '이해'해야 할 대상이 될 수 있거나 '배상'을 요구해야 할 대상이 될 수는 있어도 '용서'의 대상이 되는 것은 아니다.

운전자가 차를 타고 도로를 주행하다가 도로에 떨어져 있는 큰 나뭇가지를 밟으면서 타이어에 펑크가 났고 10미터 전방에 있는 보호난간에 부딪히는 큰 사고가 발생했다. 그 사고로 차의 앞부분이 심하게 부서져 폐차 처리를 해야 했고, 운전자의 머리는 20바늘 넘게 꿰매야 할 정도로 심한 상해를 입었으며, 오른쪽 팔은 부러져 수술을 받아야 했다. 이 운전자는 도로 위에 떨어져 있는 큰 나뭇가지 때문에 발생한 경제적인 손실과 신체적 상해 때문에 분노가 치밀어 올랐다. 그 사고로 입은 피해가 이만저만이 아니었다. 그러나 그는 도로에 놓여 있던 그 나뭇가지를 용서의 대상으로 삼을 수는 없다. 그 나뭇가지가 '미안하다'며 사과의 말을 하지도 못할 뿐더러 혹여 그 운전자가 '용서한다'는 말을 한다고 해도 그 용서를 받아들일 수 있는 인격이 그것에게는 없다. 그 운전자는 분명 상해를 입었고 그것 때문에 화가 치밀어 오르게 된 것은 안타까운 일이지만, 그 나뭇가지와 그로 인한 사고는 용서의 대상이 아니라 다른 차원에서 받아들여야 할 이해의 대상인 것이다.

오래전 어떤 책에서 이런 내용의 글을 읽었다. 한 여성이 좋은 대학을 졸업하고 직장에 취직을 했고, 오래지 않아 좋은 남자를 만나

결혼도 했다. 모든 것이 순조롭고 행복했다. 그녀는 회사에서 인정을 받아 승승장구하고 싶은 욕심이 컸고 미래의 성공에 대한 계획을 마음속에 그려놓고 있었다. 그런데 얼마 후 임신을 하게 되면서 꿈을 펼쳐보고자 했던 직장을 그만두게 되었고, 자기도 모르는 사이에 태어난 지 얼마 되지 않은 아기를 미워하고 학대하기 시작했다. 그녀는 평범한 엄마들이 사랑스럽게 보았을 것들을 싫어했다. 아기가 움직이고 옹알이를 하는 것 등, 아기와 관련된 모든 것들이 밉고 싫었다. 이 여자는 그런 자신의 모습이 옳지 않다는 것을 느끼면서도 미움의 감정을 조절하기 힘들어했다. 그러던 중 정신과 의사와 상담을 하면서 자신이 왜 아기를 그토록 미워하고 있는가를 확인할 수 있었다. 즉 그녀는 임신된 아기 때문에 직장에서 펼쳐 보고자 했던 자신의 꿈이 유리처럼 산산조각 났고 자신의 삶이 피폐해졌다고 생각했기 때문이었다. 그래서 그 아이가 그토록 미웠던 것이다. 이 여성은 직장을 그만두어야 했고 자신이 이루고자 했던 꿈을 포기해야만 하는 일종의 피해를 경험했던 것이다. 그러나 아기를 임신하게 된 '상황'과 그 '아기'가 이 여성에게 용서의 대상이 되는 것은 아니다. 그녀의 입장에서 분노와 미움을 일으키는 피해는 분명 존재하지만, 그 상황과 아이의 존재는 '용서의 대상'이 아니라 '이해의 대상'이다.

용서의 대상은 개인에 국한되는가? 아니면 단체일 수도 있는가?

루이스 스미디스(Lewis B. Smedes)는 『용서의 미학』에서 우리의 용서가 적절한 치료법이 되기 위해서는 네 가지 요소가 충족되어야 한다고 말한다(pp. 31-42). 즉, 다음 네 가지 요소가 있을 때라야 용서가 적절한 치료법으로 효력을 발휘하게 된다는 것이다. 그 네 가지는 (1) 사람에게 '상처'를 받은 경우, (2) 사람이 '행한 일'로 해를 입은 경우, (3) 심하게 '상처'를 입은 경우, (4) '피해'를 입은 경우이다. 스미디스는 이 네 가지 요소들을 논하면서 우리가 용서하는 것은 사람이지 기관(단체)이 아니라고 주장한다.

그러면서 그는 한 가지 사례를 제공한다. 레이건 대통령의 수석 보좌관 수잔 베이커의 아들이 마리화나를 소지했다는 이유로 체포되었을 때, 그녀의 아들은 언론에 노출되어 수치를 당하게 되었다. 수잔은 아들의 잘못은 인정하지만, 대통령 수석 보좌관이라는 자신의 사회적 위치 때문에 아들이 언론으로부터 과도하고 부당하게 공격과 수치를 당했다고 판단했다. '언론'이 그녀의 영혼에 깊은 상처를 남긴 것이다. 그러나 언론의 부당한 행동을 수잔은 용서할 수 있을까? 얼굴도 형체도 없는 언론, 혹은 더 나아가 여론의 부당한 생각과 공격을 용서할 수 있을까? 스미디스는 단체를 대상으로 하는 용서는 있을 수 없다고 본다. 나도 같은 생각이다. 굳이 단체를 대상으로 용서를 생각한다면 단체의 책임자 정도가 그 대상이 될 수 있겠지만, 그것이 언제나 정답이 되는 것은 아니다. 이것이 우리가 단체의 잘못과 부당함을 지적하거나 비판할 수 없다는 것을 의미하는 것은 아니다. 단지 용서를 진행할 수는 없다는 것을 말하는 것이다. 우리는 사람의 부당한 행동과 잘못을 용서하는 것이지 단체의 부당한 잘못을 용서하는 것은 아니다.

우리는 '세상'이나 '구조악'을 용서할 수 없다. 이 세상이 부조리와 불의로 가득 차 있고, 그것들이 사악한 방식으로 연대하여 우리 각자에게 직간접적으로 영향을 주어서 부당한 해를 입혔다 하더라도 우리는 '세상'이나 '구조악'이라는 불특정 대상을 용서할 수 없다. 그 불의한 세상을 향해 분노하고 욕하며 푸념을 늘어놓을 수는 있어도, 우리가 그 세상을 용서할 수는 없다. 세상에게 어느 날 갑자기 입이 생겨서 '미안하다'고 사과하지도 못할뿐더러, 우리가 혹여 '용서하겠노라'고 말해도 그것을 받아들일 수 있는 인격적 인지능력이 세상에게는 없다. 세상 안에 버젓이 자리를 꿰차고 있는 사회의 구조악도 마찬가지다. 우리는 그것을 용서할 수 없으며, 단지 이해하면서 받아들이거나 비판할 수밖에 없다. 즉, 그것들은 이해와 극복 혹은 비판의 대상이지 용서의 대상은 아닌 것이다.

상징적인 행위

2019년을 살아가고 있는 우리 개개인이 일본(단체)의 침략과 식민지화를 용서할 수 있을까? 이 질문은 대한민국 국민에게 매우 민감한 질문이 아닐 수 없다. 36년간 일제강점을 겪은 아픈 역사를 갖고 있기에 합리적 논리보다는 감정에 치우쳐 판단할 수 있는 여지가 많기 때문이다. 주지하듯이 일본 정부는 공식적으로 두 번에 걸쳐 자신의 침략과 식민지배를 사죄했다(무라야마 담화와 고노 담화). 일본으로부터 "진심으로 사죄의 마음을 표합니다"라는 말을 들을 때 우리 개인이 "일본을 용서한다"라고 말하는 것이 적절한 것인가? 일본 총리나 대변인의 말을 듣고 일본이라는 단체(정부)의 부당한 침략과 식민지배를 용서하는 것이 가능한가라는 질문이다.

나는 용서가 성립되지 않는다고 본다. 일본의 식민지배와 만행에 대해 우리가 때로는 비판하고 때로는 보상(과 배상)을 요구할 수는 있을 것이다. 그리고 일본은 자신이 과거에 저질렀던 과오에 대해 사죄한다고 말할 수는 있을 것이다. 실제로 일본 총리 무라야마와 대변인 고노가 사죄의 마음을 표하기도 했다. 그러나 그 사죄의 진정성 여부를 떠나 그것은 교육적인 효과를 지닌다거나 상징적인 행위로 간주될 수는 있어도 용서가 진행되고 성립되는 것은 아니다. 무라야마 담화와 고노 담화를 예를 들어 생각해 보자.

무라야마 담화

오랫동안 일본 국회를 지배했던 자민당이 1993년 과반수 의석 확
보에 실패하면서 3당의 연립정권(자민당, 사회당, 신당 사키가케)이 구성
되는데, 이때 총리가 된 사람이 사회당(진보정당) 출신의 무라야마 도
미이치(村山富市)였다. 그가 1995년 8월 15일, 일본의 전후 50주년 종
전기념일에 담화를 발표했다. 그 담화가 특별했던 이유는 일본의 지
도자들 가운데 최초로 식민지배와 침략을 공식적으로 인정하는 내
용과 표현이 들어가 있는 담화였기 때문이다. 그 담화에서 무라야마
총리는 이렇게 말했다:

> 지금 전후 50주년이라는 길목에 이르러 우리가 명심해야 할
> 것은 지나온 세월을 되돌아보면서 역사의 교훈을 배우고 미
> 래를 바라다보며 인류 사회의 평화와 번영에의 길을 그르치
> 지 않게 하는 것입니다. 우리나라는 멀지 않은 과거의 한 시
> 기, 국가정책을 그르치고 전쟁에의 길로 나아가 국민을 존망
> 의 위기에 빠뜨렸으며 식민지 지배와 침략으로 많은 나라들,
> 특히 아시아 제국의 여러분들에게 막대한 손해와 고통을 주
> 었습니다. 저는 미래에 잘못이 없도록 하기 위하여 의심할 여
> 지도 없는 이와 같은 역사의 사실을 겸허하게 받아들이고 여
> 기서 다시 한 번 통절한 반성의 뜻을 표하며 진심으로 사죄의

마음을 표명합니다. 또 이 역사로 인한 내외의 모든 희생자 여러분에게 깊은 애도의 뜻을 바칩니다.

무라야마는 총리가 된 직후 전쟁을 일으켰던 과오에 대한 반성과 평화 의지를 표명하는 국회 결의안을 추진했다. 그 결의안은 불참자가 많아 만장일치가 아닌 다수결로 간신히 채택됐고, 이에 전후 50주년 담화를 발표하면서 식민지배와 침략에 대한 사죄를 표명했던 것이다. 물론 피해자가 구체적으로 적시되지 않았고, 사죄의 마음에 부응하는 보상(배상)에 대한 내용이 결여되어 있다는 점에서 미진한 담화라고 볼 수 있다. 그러나 동시에 일본 지도자의 진정이 담긴 담화로 읽을 수 있는 내용과 사죄였다.

고노 담화

고노 담화도 살펴보자. 고노 담화는 1993년 8월 일본 정부 대변인이었던 고노 요헤이(河野洋平) 관방장관이 일본군 위안부에 대한 군의 강제 동원을 처음으로 인정하고 사죄했던 담화를 가리킨다(정식 명칭: 위안부 관계 조사결과 발표에 관한 고노 내각관방장관 담화).

위안부의 모집에 관해서는 군의 요청을 받은 업자가 주로 이를 맡았으나 그런 경우에도 감언(甘言), 강압에 의하는 등 본인들의 의사에 반해 모집된 사례가 많았으며 더욱이 관헌(官憲) 등이 직접 이에 가담한 적도 있었다는 것이 밝혀졌다. 또 위안소에서의 생활은 강제적인 상황하의 참혹한 것이었다. 또한 전지(戰地)에 이송된 위안부의 출신지에 관해서는 일본을 별도로 하면 한반도가 큰 비중을 차지하고 있었으나 당시의 한반도는 우리나라의 통치 아래에 있어 그 모집, 이송, 관리 등도 감언, 강압에 의하는 등 대체로 본인들의 의사에 반해 행해졌다…. 어쨌거나 본건은 당시 군의 관여 아래 다수 여성의 명예와 존엄에 깊은 상처를 입힌 문제다. 정부는 이번 기회에 다시 한 번 그 출신지가 어디인지를 불문하고 이른바 종군위안부로서 많은 고통을 겪고 몸과 마음에 치유하기 어려운 상처를 입은 모든 분에 대해 마음으로부터 사과와 반성의 뜻을 밝힌다.

고노 담화의 의미는 위안부 동원이 군에 의해 진행됐다는 것을 처음으로 인정하고 사죄한 것에 있다. 물론 무라야마 담화나 고노 담화가 모두 완벽하거나 철저한 사죄였다는 것을 의미하는 것은 아니다. 하지만 설령 무라야마 총리와 고노 관방장관의 사과가 완벽하고 철저한 사죄였다고 해도 우리 개인은 일본을 용서할 수 없다. 일본이 사죄할 필요가 없다거나 사죄하지 말아야 한다는 것을 말하는 것이 아니라 한 단체의 대표가 나와서 사죄한다고 해도 대한민국 개개인은 부당한 가해를 입힌 단체를 용서할 수 없다는 것을 말하는 것이다.

우선 일본의 총리가 사죄를 했다고 하더라도 이후에 등장한 총리가 그 말을 뒤집으면 이전에 했던 사죄가 무위로 돌아가 버리는 어처구니없는 일이 발생하기 때문이고, 일본 총리가 사죄를 했다고 하더라도 일본 국민 전체의 마음을 대표하는 것도 아니기 때문이다. 또한 지금은 가해자의 후손들과 피해자의 후손들만이 남아 있기 때문에 용서의 성립 요소인 가해자와 피해자 사이의 '직접성'이 희박하기 때문이다. 일본 정부는 자신의 탐욕의 역사를 반추하며 이웃 국가들과 더불어 사는 세상을 추구해야 한다. 그러나 그 사죄와 반추가 곧 용서 성립으로 이어지는 것은 아니다.

눈앞에 있는 가해자와 눈앞에 없는 가해자

결론부터 말하자면, 우리는 눈앞에 없는 가해자를 대상으로는 용서를 진행할 수 없다. 이 점을 분명히 했으면 좋겠다. 어렸을 때 강제 성추행을 가하여 마음 깊은 곳에 상처와 분노를 남겼던 가해자가 이미 죽고 없다면, 혹은 그가 지금 어디 살고 있는지 알 수 없다면, 마음속에 증오가 남아 타오르고 있다 하더라도, 우리는 그를 용서할 수 없다. 뺑소니로 아들을 죽이고 사라진 살인자가 어딘가에서 숨 쉬며 살고 있는지 알 수 없고 수십 년이 흘러 그의 생사 유무도 확인 되지 않는 상태라면, 비록 마음속에 불타는 증오가 남아 있다 하더라도 우리는 그 뺑소니 살인범을 대상으로 용서를 진행할 수 없다. 돈을 떼어먹고 도망가는 바람에 사업에 큰 손해를 입히고 마음속에 배신감이라는 상처를 남겼던 친구가 야반도주한 이후 그의 자취를 알 수 없게 되었을 때는 어떠한가? 그 친구 때문에 견뎌야 했던 힘 겨운 세월과 그로 인한 분노가 여전히 남아 있기에 용서를 하든지 말든지 해야 하지만 그가 눈앞에 없을 때, 우리는 그를 대상으로 용서를 진행할 수 없다. 가해자의 사과도 없을 뿐더러 혹여 피해자가 용서를 하고 싶어도 그 용서를 받아들일 가해자가 없기 때문이다. 만일 이런 상황에서 자신은 그를 용서하겠노라고 공언을 해도, 혹은 그를 용서했다고 생각하더라도 그것은 공중에 '용서'라는 단어를 흩 뿌린 것에 지나지 않는다.

이런 상황에서 피해자가 할 수 있는 일은 가해자와 그의 잘못을 하나님의 공의에 맡기는 것뿐이다. 이 땅 위에서가 아니더라도 마 지막 심판 날에 하나님께서 그의 거룩한 공의에 따라 죄인을 심판해 달라고 기도하면서 마음속에 문드러진 상처가 속히 아물 수 있도록 기도해야 한다. 종종 가해자가 어디에 살고 있는지 그 소재를 파악 하지도 못한 채 그를 그저 용서해 주어야 한다고 생각하면서 마음속에 끓고 있는 증오를 벗어던지지 못하는 사람들을 본다. 용서에 대한 이런 자세는 용서에 대한 집착이 가져온 결과라고 할 수 있다. 용서가 관계적이라는 사실을 도외시한 채 용서를 해 보려고 하지만, 관계성이 없다면 용서는 그때부터 용서가 아닌 것이 된다.

이처럼 여러 가지 이유로 우리는 용서를 행하고자 할 때 어려움을 겪는다. 그 어려움에는 여러 이유들이 있지만, 무엇보다도 용서의 정의가 모호하면 모호할수록 용서 행위는 어려워진다. 용서의 기준이 모호할 경우도 올바른 용서 행위가 어려워진다. 더 나아가 용서의 대상이 명료하지 않을 경우에도 용서 행위는 힘들어진다. '용서'라는 단어를 적용할 필요가 없는 상황을 대상으로 막연하나마 용서를 시도하느라 마음의 에너지만 소진할 뿐이다. 나는 다음 장에서 이런 모호한 점들에 대해 답하면서 용서를 이해해 보고자 한다. 그리고 특별히 성경이 말하고자 하는 '용서'가 무엇인지에 대해 귀를 기울일 것이다.

4장

/

용서를 어떻게
정의할 수 있을까요?

용서를 어떻게 정의할 수 있을까요?

앞에서 나눴던 이야기들은 용서를 힘들게 하는 일부 원인들에 관한 것이었다. 그중에 하나는 용서에 대한 정의가 모호하면 모호할수록 용서 행위 자체가 힘겨워질 수 있다는 점이었다. 따라서 용서를 주제로 토론할 때 제일 먼저 집고 넘어가야 할 것 중에 하나는 바로 '용서'를 최대한 분명하게 정의하는 것이다. 물론 단어에 대한 올바른 이해와 그에 상응하는 행동이 항상 정비례하는 것은 아니지만, 용서에 대한 분명한 의미 파악은 올바른 용서 행위의 가능성을 높여준다. 스티븐 체리(Stephen Cherry)는 자신의 책 『용서라는 고통』(2013)에서 그 필요성을 다음과 같이 적는다(p. 29):

> 용서의 의미를 올바르게 파악하지 못하면 용서를 실천하는 일도 그만큼 어려워진다.

나는 스티븐 체리의 말에 적극 동감한다. 단어에 대한 올바른 이해가 항상 올바른 행동으로 나아가는 것은 아니지만 올바른 행동으로 이어질 가능성은 분명 높아지기 때문이다. 또한 "용서가 '한마디로 정의할 수 없는 것'이라는 점도 받아들일 준비가 되어 있어야 한다"라는 그의 말에도 동의한다(p. 31). 어떤 단어를 명징하게 정의하고 싶은 욕심과 당위성이 있더라도 그 욕심과 당위성이 생각처럼 쉽게 이뤄지지 않기 때문이다. 그러나 용서를 한마디로 정의하기 힘들다는 것을 충분히 인정한다 하더라도 어떤 합의된 정의 없이 '용서'를 논하는 것은 더더욱 불가한 일이다. 따라서 우리는 용서를 정의하고 합의하는 데 어느 정도의 지난한 과정을 예상하면서 그것이 무엇인지 차근차근 살펴보아야 한다.

용서를 어떻게 정의할 것이냐를 두고서 내가 이렇게 집착하는 이유는 여러 명이 용서를 주제로 토론할 때 각각 다른 정의를 염두에 둔 채 대화하게 되면 토론 자체가 제대로 진행되기 어려울 뿐더러 생산적이지도 않기 때문이다. 앞에서 언급했던 바와 같이, 용서와 사랑을 동의어로 생각하고 있는 이상 건설적인 토론 결과를 예상하기 힘들다. 게다가 보통 사람들 사이에서 통념으로 받아들여지는 용서, 여러 심리학자들이 서로 다르게 정의하고 있는 용서, 성경이 정의하는 용서 등 비슷하지만 조금씩 다른 다양한 정의가 존재하기 때문에 용서에 대한 정의를 먼저 합의한 다음 앞으로 나아가는 것이 필요하다. 특별히 나는 성경이 정의하고 있는 용서에 주안점을 두고 있으므로 독자들과 함께 그 지점을 향해 한 발자국씩 단계를 밟으며 나아갈 것이다.

이 단계를 밟아 나가는 과정이 일부 독자들에게는 다소 따분해 보일 수도 있지만 그들에게 지적인 자극을 주기에 충분할 것이라고 기대한다. 단계는 간단하다. 먼저 국어사전은 용서를 어떻게 정의하고 있는가를 확인하는 것이다. 그런 다음 사람들 사이에서 많이 회자되는 다양한 정의들을 살필 것이다. 여기서 내가 주목하고자 하는 것은 용서에 대한 정의들을 살피면서 그 정도의 정의로는 충분치 않다는 것을 확인하는 것에 있다. 그런 다음 용서를 정의할 때 그 안에 들어가야 할 필수 요소들을 살펴볼 것이다. 독자들이 그 요소들을 필수적인 것으로 동의할 것인가는 지금으로서는 확신할 수 없지만, 내가 생각하는 요소들을 제시할 것이다. 마지막으로 성경(구약과 신약)에서 '용서'로 번역된 히브리어와 헬라어 단어들을 확인하면서 그 단어 기저에 흐르는 개념을 추적할 것이다. 이 과정을 거치면서 우리는 우리가 '용서'라는 단어를 사용할 때 적어도 어떤 정의를 염두에 두고 말하는 것이 적절한 것인지를 좀 더 선명하게 확인하게 될 것이다.

사전은 용서를 어떻게 정의하고 있을까?

　용서를 주제로 해서 개인과 대화를 할 때나 그룹 형식으로 토론을 진행할 때, 나는 종종 상대방에게 "용서를 정의해 볼 수 있을까요?" 혹은 "용서가 무엇일까요?"라고 물어보곤 한다. 그러면 상대방은 대부분 "음…어…"하면서 잠시 머뭇거린다. 용서에 대한 정의를 대충 알고는 있지만 표현하지 못하는 경우가 허다하다. 물론 "음…어…"보다 조금 더 자세한 대답, 예를 들면 "상대방의 허물을 덮어주는 것이 아닐까요?"라든지 "가해자의 잘못을 잊는 것이 아닐까요?"라면서 조심스럽게 정의를 내리는 경우도 있다. 그러나 거의 대부분의 사람들은 "음…어…"라고 답변을 했다. 자, 그렇다면, 국립국어원 국어사전은 '용서'를 어떻게 정의하고 있을까? 국어사전은 이렇게 정의한다:

　　지은 죄나 잘못한 일에 대하여 꾸짖거나 벌하지 아니하고

　　덮어 줌

　독자들은 이 정의를 어떻게 생각하는가? 용서의 정의로 이 정도면 충분하다고 생각하는가? 아니면 충분하지 않다고 판단하는가? 독자들 중에는 국어사전에 용서가 이렇게 간단히 정의되고 있다는

것에 의외로 깜짝 놀라는 이들도 있을 것이다. 용서 때문에 마음고생이 심한 경우, 국어사전의 정의가 길고 복잡하다면, '이래서 용서가 힘든 것'이라며 스스로를 위로했을 텐데, 그렇게 자위하기에는 사전적 정의가 너무 짧다.

여하튼 이 짧은 정의를 주의해서 살펴보면, 세 부분으로 구성되어 있는 것을 볼 수 있다. 첫 번째 부분은 용서의 대상을 명시하고 있다: '지은 죄나 잘못한 일'. 즉 우리가 용서한다고 했을 때 그 대상에 해당하는 것은 가해자가 '지은 죄' 혹은 '잘못한 일'이라는 것을 적시한 것이다. 아래에서 살펴보겠지만, 용서의 대상으로서 이 정의가 충분한 것은 아님에도 불구하고 독자들은 '용서하다'의 목적어가 '가해자의 죄' 혹은 '잘못한 일'이라는 것을 분명히 확인할 수 있다. 두 번째 부분은 '꾸짖거나 벌하지 아니한다'는 부분이다. '꾸짖다'는 보통 어른이 아랫사람의 잘못을 엄격하게 나무랄 때 사용하는 표현이고, '벌하다'는 가해자의 잘못에 대한 대가로 그에게 일정한 고통이나 제재를 가하는 것을 의미한다. 이 사전은 '용서'를 '가해자의 죄나 잘못에 대해 꾸짖거나 벌하지 않는 것'으로 정의하고 있는 셈이다. 그러나 이 정의는 충분하지 않으며 오해의 소지도 있다. 소위 을이 갑의 잘못을 용서해야 하는 경우도 있고, 자녀가 부모의 부당한 잘못을 용서해야 하는 경우도 많다. 다시 말해서, 을은 갑을 원래 꾸짖을 수 없으며, 자녀는 부모를 본래 꾸짖을 수 없는 위치에 있다.

즉 꾸짖지 아니한다고 용서가 성립되는 것은 아니다. 세 번째 부분은 '덮어 줌'에 대한 내용이다. 여기서 '덮다'는 문자적인 의미로 가해자의 죄나 잘못을 어떤 천 같은 것으로 덮어 준다는 것을 의미하지 않는다. 은유적인 의미로 가해자의 죄나 잘못을 세상 천지에 드러내지 아니하고 숨겨준다는 것을 의미한다. 따라서 국어사전의 정의에 따르자면, '용서'란 가해자의 잘못을 신랄하게 나무라거나 그 잘못에 대해 일정한 고통이나 제재를 가하지 않고 오히려 주위 사람들이 알지 못하게 덮어 준다는 것을 의미한다. 국어사전이 정의하고 있는 용서의 의미를 간략하게 설명해 보았는데, 독자들은 이 정의를 어떻게 생각하는가? 이 사전적 정의가 충분하다고 보는가? 독자들의 마음을 일일이 들여다볼 수 없으니 섣불리 단정할 수는 없겠으나, 다들 이 정의가 충분치 않다는 것에 공감할 것이다. 물론 이 사전적 정의라도 정확하게 알고 있다면 그나마 다행스러운 일일 것이다.

이 사전적 정의가 좀 더 선명하게 다가올 수 있도록 한 단계 작업을 더 밟아 보자. 이 작업은 용서의 유의어(類義語)들로 알려진 단어들과 비교해 보는 것이다. 용서의 유의어로 몇 개의 단어들을 언급해 볼 수 있다. '죄를 용서하여 형벌을 면제하다'라는 뜻의 '사면'(赦免)이 있고, '너그러운 마음으로 남의 허물과 잘못을 받아들인다'라는 뜻의 '용납'(容納), 관용(寬容), 아용(阿容)'이라는 단어들도 있다. 사면과 용서의 의미는 비슷하지만, 두 단어의 사용 맥락은 전혀 다르다. 사면은 법률적, 정치적인 맥락에서 쓰이는 단어다. 사적으로 용서를 주고받는 상황에서는 '용서' 대신에 '사면'을 쓰지 않는다. 예를 들어, 우리는 "네가 그렇게 진심으로 사과를 하니 너를 용서할게"라고 말하지, "네가 그렇게 진심으로 사과를 하니 너를 사면할게"라고 말하지 않는다. 이와 달리 우리는 신문에서 '대통령이 3.1절을 맞아 OOO를 사면하기로 했다'는 표현을 볼 수는 있어도 '대통령이 3.1절을 맞아 OOO를 용서하기로 했다'라는 표현은 보지 못한다. 두 단어(용서와 사면)에는 지은 죄에 대해 상응하는 벌을 내리지 않고 면제해 준다는 의미가 공유되고 있지만, 용서는 주로 개인적이며 사사로운 맥락에서 사용되고, 사면은 정치적이고 법률적인 맥락에서 사용된다는 차이가 있다.

	용서	사면
맥락	사적인 맥락	법률적/행정적 맥락
공통	죄에 대한 대가를 면제함	죄에 대한 대가를 면제함
행위 주체	피해자가 행함	피해자가 아닌 사면 권한을 가진 자가 행함

또한 위에서 언급한 세 개의 단어들(용납, 관용, 아용)도 유의어로 분류되지만, 그들 사이에 미묘한 차이가 없는 것은 아니다. '용납'은 무례한 어떤 말이나 행동을 너그럽게 받아들이는 것을 의미한다. 예

를 들어서, 우리는 '나는 그의 무례한 행동을 도저히 용납할 수 없다'라고 표현할 수 있다. 어떤 불합리하고 부당한 상황을 수용하고 받아들이는 데 방점이 찍힌 단어라고 볼 수 있다. 반면 사전적인 정의에 기초해서 볼 때, '용서'는 피해자가 가해자에게 마땅히 가할 수 있는 제재나 복수를 실행에 옮기지 않는다는 의미를 지닌다는 점에서 용납보다는 더 적극적이고 능동적인 단어라고 할 수 있다. 한편 '관용'은 용서와 거의 완전한 동의어로 볼 수 있는 단어다. 그것은 단어 '관용' 대신에 '용서'를 넣어도 동일한 의미가 전달된다는 점에서 확인된다. 예를 들어, '변호사는 피고의 어려운 상황을 설명하면서 판사에게 관용을 베풀어 달라고 요청했다'라는 문장에서 관용 대신에 용서를 넣어도 동일한 의미를 전달한다. 그러나 사용되는 빈도수 차원에서 보면 관용이나 아용보다는 용서가 훨씬 더 보편적이라 할 수 있다.

위의 내용은 우리가 '용서'에 어떤 의미가 담겨 있는가를 확인하는 데 도움을 준다. 그러나 이것은 어디까지나 용서에 대한 사전적인 정의에 관한 것일 뿐이다. 전문가들이 용서를 이와 같이 사전적인 정의에만 국한하여 상담을 하거나 글을 쓰는 것도 아니며, 심리학 분야에서도 용서에 대한 합의된 정의가 존재하지 않는다(Keans & Fincham, 2004). 국어사전의 정의는 매우 간결하고 단순하다. 용서에 담긴 여러 복잡한 요소들을 잘 담아내고 있다고 볼 수 없다. 만일 이 책의 서두에서 언급했던 사례에 이 사전적인 정의만을 적용해 본다고 상상해 보라. 직장 상사로부터 받은 강간이라는 심각한 정신적, 신체적 상해에 대해 꾸짖거나 벌하지 아니하고 덮어 주는 것이 용서라는 말인가? 정말 용서가 그런 것인가? 가해자의 사과 한마디 없이 피해자가 단지 그를 꾸짖거나 벌하지 않고 덮어 주기만 한다면, 그것을 정말 용서라고 할 수 있을 것인가? 배우자의 부정을 꾸짖거나 벌하지 아니하고 덮어 주는 것이 정말 용서인가? 독자들은 어떻게 생각하는가? 용서에 대한 사전적인 정의가 매우 단순하고 협의적이라고 생각되지는 않는가?

뒤에서도 함께 생각해 보겠지만, 교회 안에서 용서의 의미를 단지 사전적인 정의에만 근거해서 적용하는 경우가 적지 않다. "뭘 그리 복잡하게 생각하십니까? 그냥 덮고 갑시다"는 말이 가장 많이 사용되는 것 같다. '우리 모두는 죄인이 아닙니까? 그러니 다른 사람의 죄도 그냥 덮고 갑시다'라는 것이다. 기독교의 용서에 '덮다'라는 개념이 없는 것은 아니지만, 용서가 이렇게 단순하게 정의되고 적용되어서는 안 될 일이다.

용서에 대한 불충분한 정의들

그렇다면 용서를 어떻게 정의할 수 있을까? 우리가 가해자를 용서한다고 했을 때 그것의 정확한 의미는 무엇일까? 위에서 살펴본 것처럼 사전적인 정의로는 충분해 보이지 않는다. 좀 더 구체화시킬 수 있는 내용들이 있다면 무엇이 있을까? 나는 이 질문에 독자들도 어느 정도 공감할 수 있는 답을 제시하려고 한다. 그러나 그에 앞서 '용서가 아닌 것들'부터 살펴보고자 한다. 이것들은 용서라고 정의 하기에는 충분치 않은 것들이다. 이 작업은 우리가 용서를 좀 더 명 징하게 이해하는 데 도움을 줄 것이다.

보리스 던천스탕 같은 상담가는 '용서는 우리가 누군가에게 투사 한 오해를 해결하는 것이며, 누군가가 우리에게 했다고 우리가 믿는 깊은 심리적 상처를 치료하는 것에 관한 것이기도 하다'라고 정의한 다(Borris-Dunchunstang, 2010). 나는 용서에 대한 이와 같은 정의를, 즉 가해자와 가해 자체를 포함시키지 않은 정의는 우리가 피해야 할 정 의들 가운데 하나라고 본다. 피해자 내면에서 일고 있는 분노가 피 해자의 오해 때문이라는 정의는 피해자에게 2차 피해를 가하는 정 의라고 볼 수 있다. 가해자의 부당한 행위로 발생한 분노의 원인을 가해자가 아니라 피해자 자신에게서 찾기 때문이다. 폴라 휴스턴은 자신의 책에서 '용서한다는 것은 타자들에게 무자비했던 악행자에 게 동정을 제공한다는 것을 의미한다'고 말한다(Houston, p. 11). 용서 를 단지 가해자에게 제공하는 동정 정도로만 정의하는 것 또한 매우 협의적인 정의가 아닐 수 없다.

내가 보기에 이처럼 뒤틀린 정의도 있을 뿐만 아니라 용서에 관한 정의에 담긴 여러 요소들 가운데 일부를 마치 용서의 전체인 것처럼 일반화시켜 설명하는 정의들도 있다. 나는 이 정의들이 완전히 틀렸다고 말하는 것은 아니지만, 용서를 불충분하게 정의하고 있을 뿐만 아니라 일반화시킨다는 점에서 주의해야 할 정의들이라고 본다(Robert Enright, pp.23-45).

첫째, 분노를 멈추는 것이 용서다?

용서를 가해자로부터 부당하게 받은 심리적, 신체적 상해와 그로 인해 발생한 분노(화)를 멈추는 것으로 정의한다. 가해자의 부당한 행위는 언제나 피해자의 마음속에 분노의 감정을 일으킨다. 그래서 용서는 언제나 분노를 어떻게 해결할 것인가와 연결된다. 따라서 만일 용서하지 않거나 용서하지 못할 경우, 피해자의 삶은 대부분 그 분노로 인해 피폐해지기 쉽다. 그러나 우리 마음속의 분노를 멈추는 것은 용서 과정에서 발생하는 결과물이지 그것 자체가 용서는 아니다. 용서는 가해자를 향해 품었던 분노를 멈추는 것으로 끝나는 것이 아니라 가해자에 대한 자세 변화까지를 포함하는 '과정'이다. 나는 5장에서 〈돌아온 탕자 비유〉를 설명할 예정이다. 그때 자세하게 설명하겠지만, 그 비유에 등장하는 아버지의 모습은 시사하는 바가 크다. 즉, 회개하고 돌아온 아들을 용서하면서 단지 말뿐이 아니라 아들을 위해 잔치를 배설하는 아버지의 적극적인 태도에 주목할 필요가 있다. 분노를 멈추는 것이 용서다? 그렇지 않다. 그 이상이다.

둘째, 마음을 편하게 갖는 것이 용서다?

위에서 말한 바와 같이, 피해자는 가해자의 부당한 행위로 인해 마음에 깊은 상처를 입고, 그 상처로 인해 가해자를 향한 분노와 화를 품게 된다. 그 상태가 오래 지속되면 피해자 자신은 정신적, 육체적으로 피폐해지게 되는데, 일부 피해자는 이를 극복하기 위해서 가해자와는 아무런 상관없이 자신의 마음에 안정과 쉼을 주려고 노력한다. 자신의 마음속에 발생한 불쾌한 감정을 잊으려 하고, 자신의 마음을 즐겁게 하려고 여러 가지 방법을 동원한다. 그래서 용서와 관련된 상담에서는 이와 같은 방법이 자주 동원되기도 하는데, 문제는 이것을 용서로 정의하고 인식하는 것이다. 그러나 나는 가해자의 사과 없이 단지 자신의 마음을 편안하게 하려는 행위를 용서라고 정의하는 것에 동의하지 않는다. 왜냐하면 이러한 용서가 일부 상황(가해자가 죽거나 해서 피해자와 더 이상 접촉하기 어려운 상황 등)에서는 제한적으로 효과적일 수 있지만, 일반적인 다른 상황에서는 적절하지 않기 때문이다.

셋째, 용납(容納) / 변명하기가 용서다?

사람들은 종종 자신이 받은 상처나 피해를 당연한 것이라고 변명한다. 친구에게 부당한 모욕을 당했음에도 불구하고 자기가 그 친구에게 무엇인가를 잘못했기 때문이라고 생각하는 것이다. 부지불식간에 자기 친구에게 잘못했을 개연성이 있을 수 있겠으나, 그렇지 않음에도 자기가 받은 부당한 모욕을 당연하다고 여기는 것은 용서에 대한 지극히 잘못된 접근 방식이다. 그것은 일종의 '가해자 편들어 주기'이다. 그것은 용서가 아니다. 남편에게 폭행당한 아내가 주위 사람들에게 "내 남편은 원래 그런 사람이 아닌데 오늘 기분 상한일이 있어서 그런 것"이라든지 "내 남편은 원래 착한 사람인데 이렇게 화를 내며 때린 것은 내가 그의 말에 말대꾸를 했기 때문이에요."라며 남편의 폭행을 대신해서 정당화시켜주는 일이 적지 않다. 그러나 이것은 남편의 폭력을 정당화시키는 결과를 초래할 뿐 결코 용서가 아니다.

넷째, 가해자 죄(가해)의 결과를 제거하는 것이 곧 용서다?

가해자가 피해자에게 끼친 정신적, 재정적, 신체적 상처는 분명 존재한다. 그런 상황에서 가해자가 피해자로부터 용서를 받는다 할지라도, 가해자의 죄 혹은 가해로 발생시킨 책임 혹은 결과가 자동적으로 제거되는 것은 아니다. 예를 들면, 자녀를 죽인 살인자를 부모가 용서했다고 해서 그에게 주어진 형법적 책임이 자동적으로 제거되는 것은 아니다. 다윗이 회개를 하고 하나님의 용서를 받았어도 그 죄에 대한 결과는 남게 된다(삼하 12:10-14). 용서를 가해자의 잘못 혹은 죄로 인해 발생한 결과까지 제거하는 것으로 정의하는 것은 옳지 않다.

다섯째, 마음속의 상처를 기억 속에서 지우는 망각이 용서다?

사람들은 가해자로부터 받은 상처와 그로 인해 마음속에서 타오르는 분노와 미움 때문에 고통스러워한다. 대부분의 사람들은 이런 감정적 소모를 일상의 삶에서 적잖이 경험한다. 누군가로부터 분노와 증오의 대상이 된다는 것은 실로 힘겹고 불쾌한 일이지만, 자신이 누군가를 증오한다는 것 또한 매우 고통스러운 일이다. 가해자로부터 받은 상처는 과거에 생겼지만 그로 인해 발생했던 부정적인 감정들(분노와 증오 등)이 현재에도 숨을 쉬며 개인의 삶을 황폐화시킨다. 그런 감정들로 파괴되는 삶에서 탈출구로 선택하는 것이 바로 '망각'이다. 그 사건을 기억 속에서 지우는 것이다. 그리고 그것을 용서라고 정의한다.

과거에 아버지로부터 성추행을 당했던 한 자매는 아버지에 대한 원망과 증오로 자신의 삶을 파괴하고 있었다. 남자에 대한 부정적인 감정이 건전한 이성교제를 힘들게 했고, 자신의 존재에 대한 낮은 자존감으로 괴로워했다. 쓰레기보다도 못한 존재라며 자기 자신을 저주했다. 분명 과거에 있었던 사건이고 잊힐 때도 되었지만, 그 성추행 사건은 그녀에게 깊은 트라우마로 남아서 그녀의 삶을 황폐화시키고 있었던 것이다. 그런데 그녀에게 상담가가 해준 말은 "아버지를 용서하라"는 것이었고, 그 방법은 단지 '과거의 사건을 잊으라'는 것이었다. '과거 잊기'(망각)를 용서와 동의어로 사용했던 것이다. 그러나 과거의 상처를 잊는 것, 혹은 잊으려는 것 자체가 용서는 아니다.

나는 위에 언급한 정의들이 모두 틀렸다고 말하고 싶은 생각은 없다. 단지 용서를 정의함에 있어서 그것들로는 충분하지 않다는 것이다. 용서의 정의에 담길 여러 요소들 가운데 일부를 전체인 것으로 일반화시키는 것에 주의해야 한다고 말하고 싶은 것이다. 아쉽게도 내가 여러 책들에서 발견한 것은 용서의 일부 요소들이 마치 용서의 전체인 것인 양 일반화되어 제시되고 있다는 점이었다.

용서에 반드시 들어가야 할 요소들

나는 용서를 좀 더 종합적으로 이해할 수 있도록 하는 정의가 필요하다고 생각한다. 물론 앞에서 인용했던 스티븐 체리의 말처럼,

용서를 한마디나 혹은 한 줄로 정의하는 것이 쉽지 않다는 것을 인정한다. 하지만 최대한 종합적인 정의가 필요하다고 본다. 그렇다면 용서를 정의할 때 적어도 반드시 들어가야 할 요소들은 무엇일까? 나는 아래에 기술된 바와 같이 다섯 가지 요소들을 제시한다.

첫째, 용서를 정의할 때 그 정의 안에는 반드시 가해자와 피해자가 포함되어야 한다.

용서는 가해자와 피해자 사이에서 성립되는 그 무엇이다. 부당한 행위의 주체가 되는 가해자가 존재하고, 그 부당한 행위로 인해 감정적 정신적 신체적 상처를 입어 부정적인 감정들로 고통스러워하는 피해자가 존재한다. 가해자와 피해자가 엄연히 존재함에도 불구하고, 용서를 논하면서 그들의 존재 자체를 고려하지 않는 정의는 정당하지 않다. 또한 용서는 피해자 안에서만 일어나는 것이라며 가해자의 존재를 전혀 고려하지 않는 경우도 있다. 이것 또한 정당하지 않다. 참된 용서는 피해자와 가해자 모두에게 좋은 혜택을 주기 때문이다. 즉, 피해자가 가해자를 용서할 때, 피해자는 심리적으로 안정을 취하거나 해방감을 느낀다든지 하는 결과를 얻을 수 있고, 반대로 가해자가 피해자로부터 용서를 받을 때는 죄책감 같은 것으로부터의 해방감을 얻을 수 있다.

최초의 호스피스 운동가인 엘리자베스 퀴블러-로스(Elizabeth

Kubler Ross)는 자신의 공저 『인생수업』에서 노인들이 인생을 행복하게 마무리하기 위해서는 반드시 용서를 해야 한다고 말한다. 그러나 그 용서에는 가해자의 존재 유무가 중요한 것으로 여겨지지 않는다. 용서는 순전히 자신의 행복을 위해서 선택하는 것으로 보기 때문이다. 물론 앞으로 생각해 보겠지만, 용서의 대상인 가해자가 여러 가지 이유로 사라지고 없는 경우(예, 사망이나 이주 등)에는 가해자를 논외로 여겨야 할 때도 있다. 그러나 용서의 정의 안에는 기본적으로 가해자와 피해자의 존재가 반드시 들어가야 한다.

둘째, 용서를 정의할 때 '사과'나 '회개'의 요소가 반드시 포함되어야 한다.

이 둘째 요소는 내가 이 책에서 가장 중요하게 생각하는 것이다. 가해자의 사과는 자신의 잘못을 제대로 깨닫고 있다는 것을 전제한다. 잘못했기 때문에 "미안하다"라고 말하는 것이다. 반대로 가해자의 사과가 없다는 것은 자신의 잘못을 깨닫지 못하고 있다는 것을 의미하는 것이고, 따라서 그런 상황에서는 피해자가 용서할 내용이 없는 것이다. 어떤 이들은 용서가 성립되기 위해서 사과나 회개가 반드시 전제 조건일 필요는 없다고 주장한다. 하지만 앞에서 길게 논의했던 것처럼 그것은 사랑과 용서의 개념에 대한 혼동에서 비롯된 결과이다. 즉 자신의 잘못과 죄를 깨닫지 못하고 있는 자를 사랑할 수는 있지만, 그런 자를 용서할 수는 없다. 달리 말하면, 용서할 수 없는 것이 아니라 용서할 게 없는 것이다. 용서 과정에서 가해자의 사과나 회개가 없을 경우, 그 용서는 허상이나 다름없다.

셋째, 용서를 정의할 때 가해자와 피해자 사이의 직접적인 관계성이 포함되어야 한다.

예를 들면, 횡단보도에서 녹색신호를 보고 건너기 시작한 할머니를 오토바이를 타고 음식을 배달하던 아르바이트생이 치고 말았다. 그 아르바이트생의 교통신호 위반으로 할머니의 골반뼈가 부서지게 된 큰 사고였다. 할머니는 보험 처리를 통해 보상을 받았지만 병원에 입원해야 했고, 손자들도 보지 못했으며 친구들과 한동안 만나지 못한 것 때문에 화가 났다. 여기서 아르바이트생은 보험 처리 외에 자신의 부주의로 할머니에게 끼친 불편함과 고통에 대해서 진심으로 사과의 말씀을 드렸고, 할머니는 그 아르바이트생의 사과를 받아들이면서 앞으로는 사고 내지 말라며 오히려 그를 토닥이며 위로해 주었다. 이 사건에서 할머니는 가해 행위에 대한 직접적인 피해자이다. 그러니 용서의 주체가 될 수 있다. 그런데 그 사건이 벌어지던 횡단보도 옆길을 지나가던 당신이 그 사건을 목격했다고 치자. 이때 당신이 아르바이트생의 부주의와 신호 위반을 부당하게 생각하고 분개를 한다 해도 당신은 아르바이트생의 행위에 대한 직접적인 피해 당사자가 아니기 때문에 그를 용서할 수 있는 주체가 될 수 없다.

자끄 뷔숄드(Jacques Buchhold)는 자신의 책 『완전한 자유, 용서』에서 용서를 정의하면서 '용서는 최소한 빚의 탕감을 요구하는 쪽과 탕감을 허락하는 쪽, 두 사람 간의 사건을 반영한다'라고 정리한다(p. 158). 나는 이 말에 전적으로 동의한다. 용서는 가해자와 피해자 사이의 직접적인 관계 속에서 성립되어야 할 그 무엇이다. 이런 요소를 고려한다면, 피해자가 가해자를 용서하기도 전에 제3자인 누군가가 용서하는 것은 피해자의 용서를 훔치는 것과도 같은 것이다.

넷째, 용서의 정의에는 가해자의 부당한 행위에 대한 피해자의 덮음이 담겨 있어야 한다.

아래에서 나는 성경(구약과 신약)에서 '용서하다'로 번역되는 히브리어와 헬라어 단어들을 살펴보면서 자세히 설명할 것이다. 그러나 미리 언급하자면, 용서와 관련된 히브리어와 헬라어 단어들에 기본적으로 배어 있는 개념은 국어사전의 정의에도 들어 있는 '덮어 줌'이다. 즉, 피해자가 가해자를, 혹은 가해자의 부당한 행위를 용서한다고 했을 때 그 의미에는 가해자의 허물을 덮어 주는 행위가 담겨 있는 것이다. 달리 말해서, 용서를 구하고 있는 가해자의 잘못을 더 이상 들추어내 왈가왈부하지 않는 것이다.

다섯째, 용서의 정의에는 피해자의 자발성과 주도성이 내포되어야 한다.

용서란 피해자가 제3자의 강요에 의해서 억지로 행하는 것이 아니라 피해자 자신의 내적 변화에 의지해서 자발적이고 주도적으로 행해야 할 그 무엇이다. 독자들 중 일부는 용서가 이미 많이 오용되고 있다는 사실을 알고 있을 것이다. 영화 〈밀양〉에서 약국을 운영하던 김 집사가 아들을 잃은 피해자 신애에게 살인자를 용서하라며 신앙의 이름으로 집요하게 몰아붙인 경우가 (영화이기는 하지만) 대표적인 실례가 될 것이다. 사실 이런 모습은 영화에서만이 아니라 실제로 교회 안에서 가장 많이 볼 수 있는 모습들 가운데 하나가 아닌가 싶다. '신앙의 성숙'이라는 이름으로, 때로는 '제자도'라는 이름으로, 때로는 '참된 신자' 등의 이름으로 가해자를 용서하라며 피해자에게 강요하는 것이다. 만일 그렇지 않을 경우 참된 신자가 될 수 없는 것처럼 몰아세우고 죄책감을 심는다. 따라서 다음과 같은 경우는 피해자에게 폭력이 될 수 있다. 가해자에 대한 피해자의 분노가 시간을 두고 순화되기 전, 가해자가 사과 한마디 하지 않는 상황, 피해자의 마음이 가해자에 대한 긍휼로 잠기기도 전에 용서할 것을 집요하게 강요하는 경우다. 이때는 피해자에 대한 제2차 폭력이 될 수 있다.

성경에 용서라고 번역된 원문 단어들에는 어떤 의미가 있나요?

성경은 '용서' 혹은 '용서하다'라는 단어를 어떤 의미로 사용하고 있을까? 성경이 말하는 용서의 의미와 국어사전에서 제공하고 있는 용서의 정의 사이에 다른 점이 있을까? 아니면 별반 다르지 않을까? 이 책이 궁극적으로 살펴보고자 하는 것이 '기독교적 용서'이기 때문에 성경에서 '용서'가 어떤 의미로 사용되는지를 살펴보는 것은 매우 당연한 일일 것이다.

물론 한 단어의 의미는 그 단어가 사용된 문맥에 의해 결정되지만, '용서'의 어원을 살펴봄으로써 성경적인 용서의 의미를 어느 정도 들여다볼 수 있을 것이다. 여기서 우리는 성경(구약성경과 신약성경)에서 사용되고 있는 용서와 관련된 단어들의 의미를 살펴볼 것이다. 이 내용은 비신자들에게는 다소 낯설게 느껴질 수도 있다. 하지만 말 그대로 낯설어 보이는 것일 뿐 실제로는 그렇지 않다. 한 문장 한 문장 읽어 가다 보면 곧 익숙해질 것이다.

이 과정을 통해 독자들은 성경에서 사용된 단어 '용서'('사함')에 어떤 의미가 내포되어 있는지를 확인할 수 있을 것이다. 만일 아래 내용이 힘들다고 느껴지면, 건너뛰고 마지막 단락만 읽어도 좋다.

구약에 등장하는 용서 단어들

구약성경에서 사용되고 있는 동사 '용서(容恕)하다'와 '사(赦)하다'는 어떤 의미를 갖고 있을까? 히브리어를 살펴보기 전에 두 용어의 한자 뜻을 들여다보면 이렇다. '용서(容恕)하다'에서 '용'은 '얼굴 용'이고, '서'는 '용서 서'이다. 여기서 '얼굴 용'(容)은 곡(谷 : 골짜기→용)과 큰 집(宀: 집 안)이 합하여 형성된 단어이다. 큰 집이 많은 물건을 담을 수 있듯이 기쁨과 슬픔 등 많은 표정을 담을 수 있는 '얼굴'을 뜻하게 된다. 독자들은 '용서'에 왜 얼굴을 의미하는 '용'자가 사용되었는지 궁금해 할 수 있을 것이다. 그런데 여기서 '용'은 '용납하고 용서해서 받아들이다'의 뜻을 지니기도 한다. 따라서 '용서'(容恕)는 '용납하여 받아들인다'는 뜻을 지니게 되는 것이다. 그리고 '사(赦)하다'에서 '사(赦)'는 '용서할 사'이고, 한자 사전은 이 '사'를 '(죄를) 용서하다,' '(죄수를) 풀어주다,' '탕감하다,' '버리다, 방치하다' 등으로 풀이한다. 한자의 뜻만을 놓고 보면, 구약성경에 사용되고 있는 동사 '용서하다'와 '사하다'의 한자 의미는 우리가 일반적으로 이해하고 있는 뜻과 크게 다르지 않아 보인다.

두 동사의 원어(原語)인 히브리어 동사들을 살펴보면, 용서에 담긴 의미론적 차이와 깊이를 조금 더 선명하게 파악할 수 있을 것이다. '용서하다'와 '사하다'는 아래에 제공되어 있는 히브리어 동사들의 한글 번역어들에 해당되는 데, 두 동사는 동의어로 사용된다. 그런데 이 히브리어 동사들은 어느 특정한 기준 없이 어떤 경우에는 '용서하다'로, 어떤 경우에는 '사하다'로 번역된 것으로 보인다. 대체로 하나님이 주어로 등장할 때는 '사하다'로 번역되어 있지만, 반드시 그런 것만도 아니다. 하나님이 주어임에도 '사하다' 대신에 '용서하다'로 번역된 경우도 적지 않다. 여하튼 흥미로운 것은 구약성경에서 '용서하다'와 '사하다'는 절대적 동의어(absolute synonym)로 사용된다는 것이다. 즉 '용서하다' 대신에 '사하다'를 써도 의미 차원에서 어떤 변화도 발생하지 않는다.

구약성경에서 '용서하다'와 '사하다'로 번역되는 대표적인 히브리어 동사들은 다음과 같다.

(1) '나싸'는 기본적으로 네 가지 의미를 지닌다. 첫째는 물건을 '들어 올리다'라는 뜻을 지닌다. 불어난 물이 배를 띄울 경우도 '나싸'를 쓰고(창 7:17), 손이나 얼굴을 들어 올릴 경우도 '나싸'를 쓴다(신 32:40). 이 의미로 사용될 때, 종종 '들어 올리다'가 은유적으로 사용되기도 한다. '눈을 들어 올리다'가 '자세히 들여다보다'의 의미를 지닌다든지(시 121:1), '목소리를 들어 올리다'는 '목소리를 크게 내다'의 의미를 갖는다든지(사 52:8), '우리의 영혼을 여호와께 들어 올린다'고

할 경우 '우리의 마음과 뜻을 하나님께 향하게 하다'(=갈망하다)의 의미(시 25:1)를 갖는 등 '나싸'의 은유적 의미는 다양하다.

둘째로 '나싸'는 '물건을 가지고 가다'의 의미를 지닌다. 제물을 '나싸'한다고 할 때, 그 의미는 제사에 사용될 제물을 가지고 간다는 것을 의미한다(시 96:8).

셋째로 '나싸'는 '데려가다'의 의미를 지닌다. 예를 들어, 어떤 여자를 아내로 '나싸'한다고 하면, 그 여자를 아내로 데려간다는 의미다(룻 1:4; 스 10:44 등).

넷째로 '나싸'는 '치우다'와 '제거하다'라는 뜻을 가진다. 따라서 이 동사와 죄/허물이라는 단어가 함께 사용되면, '죄/허물을 제거하다'라는 의미를 갖게 되는데(시 32:1), 이것이 '용서하다'의 의미이다. 즉, '용서하다'에는 '허물, 죄, 죄악'을 제거한다는 의미가 내포되어 있다. 시편 32장 1절에서 '나싸'는 '덮다'를 뜻하는 '카싸'와 병행해서 사용되고 있는데, 이것은 '나싸'가 '덮다'와 같은 의미로 해석되어야 한다는 것을 암시한다. 즉, 죄를 '나싸'한다는 것은 곧 죄를 제거한다는 것을 의미하기 때문에 가해자를 용서한다는 것은 그의 죄를 제거한다는 것을 뜻하며, 그를 더 이상 죄 있는 자로 보지 않는다는 의미를 내포한다.

허물의 사함(=용서함: 나싸)을 받고

자신의 죄가 가려진 자(=용서함: 카싸)는 복이 있도다(시 32:1)

(2) '카싸'는 기본적으로 '덮다'를 의미한다. 기름이 내장을 덮고 있다든지, 은유적인 용법으로는 물이 원수들을 덮는다고 표현할 때 사용된다(출 29:13; 시 106:11). 특별히 위에서 언급한 것처럼 '죄를 덮다'라고 할 때도 '카싸'가 사용되는데, 이때도 '나싸'와 '카싸'는 동의어로 사용된다(시편 85:2에도 '나싸'와 '카싸'가 동의어로 사용된다). 이 경우 두 단어의 목적어들로 '죄,' '허물,' '죄악' 등이 등장한다. 즉, 누군가를 용서한다는 것은 그의 허물과 죄를 덮는 것을 의미한다.

주의 백성의 죄악을 사하시고(나싸)

그들의 모든 죄를 덮으셨나이다(카싸) (시 85:2)

(3) '쌀라흐'는 위의 두 단어처럼 '사하다', 즉 '용서하다'로 번역된다. 고대의 아카디아어 동사들 가운데 '살라후'(salāḫu)가 있는데 '쌀라흐'와 어원이 같다. 동사 '살라후'는 물이나 기름을 뿌리는 행위와 관련되어 있다고 한다. 그리고 아카드(Akkadia)의 신년 축제에서 티그리스 강물이나 유프라테스 강물을 뿌리는 행위('살라후')는 성전의 정결 의식과 동일시되었다. 즉 물을 뿌리는 행위가 악을 쫓아내고 더 나아가서 악을 파괴시킬 수 있다고 믿었던 것이다. 흥미로운 것

용서, 그 불편함에 관하여

은 바벨로니아의 시로 알려진 〈루드룰 베 네메키〉(Ludlul bēl Nēmeqi)에 '나는 정결수로 뿌림을 받았다'라를 구절이 '나는 나의 굴레에서 풀려났다'라는 구절과 병행하고 있다는 점이다. 이것은 '살라후'가 어떤 빚이나 억압과 같은 굴레로부터 해방되는 상태를 묘사하는 단어라는 것을 보여준다. 한편 구약성경에 있는 동족어 동사 '쌀라흐'는 풍성한 은혜와 긍휼하심에 기초한 하나님의 용서 행위를 의미하며(시 86:5; 출 34:6-9), 모든 경우에서 하나님이 주어로 등장한다(NIDOTTE 3:259). 아카디아어 '살라후'의 의미를 구약성경에 등장하는 동족어 '쌀라흐'의 의미로 받아들이는 것은 섣부를 수도 있겠지만, '용서하다'를 의미하는 다른 히브리어 동사의 용례를 고려해 보면 충분히 이해될 수 있는 지점이 있어 보인다. 즉, 누군가를 '용서한다'는 것은 그에게 있는 어떤 억압이나 굴레로부터 그를 벗어나게 해준다는 것을 의미한다. 이 동사 또한 그 목적어에는 '죄'와 '죄악'이 등장하고, 종종 그 죄악을 저지른 사람이 등장하기도 한다.

> 주는 선하사 사죄하기를 즐거워하시며
>
> 주께 부르짖는 자에게 인자하심이 후하심이니이다(시 86:5)

(4) '카파르'는 '덮다', '진정시키다', '속죄하다' 등의 뜻을 가지고 있으며, 여기서 가장 많이 사용되는 의미는 '덮다'이다. 구약성경의

첫 번째 책인 창세기 6장 14절을 보면 방주 안팎을 역청으로 칠하라 (카파르=덮다)는 명령이 주어지는데 여기에서 처음 가파르가 등장한다. 두 번째는 출애굽기 10장 5절에서 메뚜기가 애굽 지면을 덮을 때를 묘사하는 장면에서 등장한다. '덮다'라는 의미는 '속죄하다'와 깊이 연관되어 있다. 레위기에는 피를 제단 사면에 뿌려 정결케 하고 죄를 속죄하는 과정이 기록되어 있는데, 여기에 '카파르' 동사가 사용된다. 흥미로운 것은 '카파르'가 구약성경에서 102번 등장하는데 그중에서 16번 정도가 '용서하다'의 의미로 사용된다는 점이다. 그런 의미로 사용될 때 이 동사의 목적어로는 ('쌀라흐'처럼) '죄'나 '죄악'이 오며, 사람이 오기도 한다. 즉, 주로 '덮다'라는 의미로 사용되는 '카파르'의 목적어로 죄나 죄악이 오면 '용서하다'의 의미를 갖는 것이다. 이런 점에서 볼 때, 적어도 이 단어에는 '용서하다'와 '죄를 덮는 것'이 서로 연결되어 있다고 볼 수 있다. 그래서 누군가를, 혹은 누군가의 부당한 행동을 용서한다고 했을 때 그것은 곧 그 부당한 행위를 덮어 준다는 의미를 갖는다고 할 수 있다. 이 의미를 근거로 설명해 보면, 피해자가 가해자의 잘못을 용서해 주었다고 하면서 가해자의 잘못을 계속 이야기하거나 다른 사람들에게 계속 떠벌리고 돌아다닌다면, 그것은 용서해 주었다고 말하기 힘들 것이다.

여하튼 위에서 사용된 히브리어 단어들의 의미들을 종합해 볼 때, 구약성경에서 사용하고 있는 용서라는 단어의 개념 속에서는 '죄를 옆으로 치워 놓거나, 덮어 주거나, 혹은 죄와 허물의 굴레에서 해방시켜 준다' 등의 의미가 담겨 있음을 볼 수 있다.

그러나 이런 설명도 그다지 선명한 것은 아니다. '허물을 덮는다는 것이 무슨 말인가? 허물의 굴레에서 벗어나게 한다는 것이 무슨 뜻인가?'라는 질문이 제기되기 때문이다. 그 의미를 좀 더 선명히 하기 위해서는 이 단어의 반의어를 찾아보는 것이 좋다. 즉, 성경에서 '용서하다'의 반의어로 사용된 단어들은 어떤 것들이 있는가? 하나님이 죄인을 용서하지 않고자 했을 때 하나님은 어떻게 행하셨는가? 인간이 다른 누군가의 죄와 허물을 용서하지 않고자 했을 때 그는 어떻게 행했는가? 그렇다. 하나님은 죄인을 심판하시고, 사람은 자신에게 해를 입힌 다른 사람에게 복수(보복)를 가했다. 다시 말해서, '용서하다'의 반대말은 하나님이 주어일 경우 '심판하다'가 되고, 사람이 주어가 될 경우에는 '복수(보복)하다'가 된다. 따라서 '용서하다'의 의미는 하나님의 경우 '심판하지 않다'의 의미를 내포하는 것이고, 사람의 경우 '보복하지 않는다'의 의미를 갖는다. 그렇다면 사람 사이에 용서를 논한다고 했을 때 그것은 일차적으로 '보복하지 않는 것'을 의미한다. 이것은 뒤에서 우리가 누군가를 용서할 때 왜 우리가 직접 보복하지 않고 하나님의 공의하심에 맡겨야 하는지를 논할 때 다시 한 번 살펴보게 될 것이다.

신약에 등장하는 용서와 관련된 용어들

신약성경에서 '용서하다'로 번역되는 헬라어 동사에는 세 단어가 있다: 아피에미(ἀφίημι), 카리조마이(χαρίζομαι), 아폴루오(ἀπολύω). 흥미로운 점은 '아피에미'가 '용서하다'의 의미로 사용될 때는 주로 복음서에 등장하고, '카리조마이'가 '용서하다'의 의미로 사용될 때는 주로 바울 서신서에 등장한다는 것이다.

(1) '아피에미'는' ~로 부터'를 의미하는 전치사 '아포'와 '~을 내보내다'를 의미하는 '히에미'가 합쳐져서 '~을 보내다', '소리를 내다', '내버려두다', '면제해 주다', '용서하다' 등의 의미를 갖는다. 예를 들어, 예수님이 십자가에 달려 죽으시기 직전에 '큰 소리를 지르시고 숨지시니라'고 기록되어 있는데(막 15:37), 여기서 소리를 '내다'에 해당되는 헬라어가 바로 '아피에미'다. 그리고 '예물을 제단 앞에 두고 먼저 가서 형제와 화목하고…'(마 5:24)에서 예물을 제단 앞에 '두다'에 해당하는 헬라어도 '아피에미'다. 더 나아가 우리가 잘 알고 있는 구절, '우리가 우리에게 죄 지은 자를 사하여 준 것 같이 우리 죄를 사하여 주시옵고'(마 6:12)와 '너희가 사람의 잘못을 용서하면 너희 하늘 아버지께서도 너희 잘못을 용서하시려니와'(마 6:14)에서 '사하다'와 '용서하다'로 번역된 헬라어도 '아피에미'다. 이 동사의 기본 개념

에는 무엇인가를 밖으로 내밀어 보내는 이미지가 있다. 그 무엇이 '빚'일 경우 그 빚을 밖으로 내보는 것, 즉 '면제하다'의 의미가 되는 것이고, '소리'일 경우 그 소리를 밖으로 내보내는 것, 즉 '소리를 내다'의 의미가 되는 것이다. 그리고 '죄나 허물'일 경우 그것을 가해자에게서 밖으로 내보내는 것, 즉 '용서하다'를 의미하게 된다.

(2) '카리조마이'는 신약성경에서 23번 등장하는 단어다. 이 단어에는 '선물', '은총', '은혜'의 뜻을 지닌 '카리스'(χάρις)가 포함되어 있다. 위에서 언급한 대로 이 단어의 여러 의미들 가운데 '용서하다'의 의미로는 바울 서신에서만 등장하며, 기본적으로 무엇인가를 '호의(은혜)로 주는 것'을 의미한다. 누가복음 7장 41-42절에서도 등장하는데, 이 본문은 '카리조마이'의 의미를 파악하는 데 도움을 준다: "이르시되 빚 주는 사람에게 빚진 자가 둘이 있어 하나는 오백 데나리온을 졌고 하나는 오십 데나리온을 졌는데 갚을 것이 없으므로 둘다 탕감하여 주었으니 둘 중에 누가 그를 더 사랑하겠느냐?" 예수님의 질문에 베드로는 "내 생각에는 많이 탕감함을 받은 자니이다"(43절)라고 대답한다. 여기서 '탕감하여 주다'로 번역된 헬라어 동사가 '카리조마이'다. 즉 호의와 은혜로 빚을 면제해 주는 것이다. 바울은 골로새 교인들에게 '누가 누구에게 불만이 있거든 서로 용납하여 피차 용서하되 주께서 너희를 용서하신 것 같이 너희도 그리하고'(골

3:13)라고 언급한다. 여기서 '용서하다'로 번역된 헬라어 동사가 '카리조마이'다. 즉, 주님이 하신 것처럼 서로를 용납하며 용서하라(호의와 은혜를 제공하라)는 것이다.

(3) '아폴루오'는 신약성경에서 66번 등장한다. 기본적으로 '어떤 억압이나 부담에서 놓아주다' 혹은 '해방시켜 주다' 혹은 '무죄를 선고하다'라는 의미를 갖는다. 무엇인가를 '옮겨 놓다' 혹은 '제거하다'의 의미를 지닌 히브리어 동사 '나싸'와 비슷하다. 흥미로운 것은 이 동사의 빈도수(66번) 가운데서 '용서하다'로 번역된 경우는 단 한 번뿐이라는 것이다: '비판하지 말라 그리하면 너희가 비판을 받지 않을 것이요 정죄하지 말라 그리하면 너희가 정죄를 받지 않을 것이요 용서하라 그리하면 너희가 용서를 받을 것이요'(눅 6:37). 가해자에게 주어지고 있던 유죄를 '무죄하다'고 선언하는 것이다. 그것이 '아폴루오'라는 동사다.

용서를 정의하자면

자, 위에서 살펴본 내용들을 토대로 용서를 정의해 보자. 앞서 말했듯이, 이 작업은 단순한 작업이 아니기에 한 문장 안에 용서와 관련된 모든 요소들을 다 담아낼 수는 없을 것이다. 그럼에도 한 번 시도해 보자. 위에서 언급했던 것처럼, 용서 정의에 반드시 포함되어야 한다고 했던 요소들과 성경에서 사용된 용서 단어들에 내포된 의미들을 함께 고찰해 보면, 용서를 다음과 같이 정의해 볼 수 있다.

용서란

가해자의 부당한 말과 행위로 피해자에게 심적, 정신적, 신체적 해가 발생했을 때, 가해자의 진심어린 사과(회개)를 전제로 피해 당사자가 자발적으로 가해자의 허물과 부당함을 덮어 주는 것이다.

5장

/

성경적 용서의 출발:

성경은 용서를 어떻게 하라고 가르치나요?

성경적 용서의 출발:
성경은 용서를 어떻게 하라고 가르치나요?

그렇다면 성경은 용서를 어떻게 하라고 가르치고 있을까? 앞장에서 내린 정의에 근거해서 용서를 행하는 것이 실제로 가능할까? 성경은 기독교인들이 용서를 진지하게 생각하거나 실천에 옮기고자 할 때 우리가 따라갈 수 있는 일종의 모델이나 원칙을 제시하고 있을까? 만약 그런 것이 있다면 용서 문제로 힘겨워 하고 있는 사람들에게 도움이 되지 않을까? 많은 비신자들이 용서 문제로 몸살을 앓는 것처럼, 사실 기독교인들도 용서 문제로 힘겨워 한다. 이것은 그리 놀라운 사실이 아니다. 기독교인들이 비신자들보다 용서를 더 잘하고 있는지, 혹은 더 잘하려고 노력하고 있는지의 여부는 통계 수치로 확인할 수 없다. 그러나 주님의 사랑을 경험했다는 기독교인들도 용서 문제로 심한 몸살을 앓고 있는 것은 분명하다. 아니 비신자들보다 더 힘겨워 하고 있을 가능성이 높다. 기독교인들은 무의식중에 용서를 행하는 문제에 있어서 비신자들보다 더 관대해야 하고, 더 잘해야 한다는 부담을 느끼기 때문이다. 책 서문에서 언급했듯이 청년부 자매가 매일 저녁 교회에 와서 그렇게 통곡하며 기도했던 이유는 바로 용서 문제 때문이었다. 용서를 실천하는 일은 기독교인들에게도 여간 부담스러운 주제가 아니다.

자, 그럼 기독교인들은 무엇을 용서 모델로 삼아야 할까? 감사하게도 성경은 우리에게 한 가지 모델을 제시한다. 그것은 '하나님이 우리를 용서하신 것처럼 용서해야 한다'는 것이다. 여기서 주의해야 할 것은 이 말을 하나님이 우리를 사랑하신 것처럼 사랑해야 한다는 말로 들어서는 안 된다는 점이다. 2장에서 언급했던 것처럼, 사랑과 용서는 동의어가 아니기 때문이다. 우리가 모델로 삼아야 하는 기준은 '하나님이 우리를 용서하신 것처럼' 용서해야 하는 것이다.

자 이것이 원칙이다: '하나님(주님)이 너희를 용서하신 것처럼.'

서로 친절하게 하며 불쌍히 여기며 서로 용서하기를 하나님이 그리스도 안에서 너희를 용서하심과 같이 하라(엡 4:32)

누가 누구에게 불만이 있거든 서로 용납하여 피차 용서하되 주께서 너희를 용서하신 것 같이 너희도 그리하고(골 3:13)

기독교의 용서 원칙 1: 하나님이 용서하신 것처럼 용서하라!

용서에 대한 사도 바울의 원칙은 분명하다. 우리는 '하나님이 하신 것처럼' 용서해야 한다. 언뜻 볼 때 이 원칙은 독자들에게 큰 부담이 될 수 있다. 사람의 용서가 모델로 제시되는 것이 아니라 하나님의 용서가 모델로 제시되기 때문이다. 사람이 용서를 했다면, '그래, 나도 저 사람처럼 용서 할 수 있을 거야'라며 시도를 해 보려고 한다든지, 혹은 '그래, 나도 용서를 해야지'라며 강한 의지를 불태울 수 있을 텐데, 성경이 제시하는 용서의 모델이 하나님의 용서이다 보니 큰 부담이 아닐 수 없다. 또한 존재론적인 차원에서 인간과 분명하게 구분되는 하나님의 용서가 과연 무슨 의미가 있을까? 하는 질문을 할 수 있을 것이다.

하지만 하나님의 용서와 인간의 용서에는 '절차'와 '범위'에 있어서 큰 차이가 없다. 하나님은 죄인이 회개할 때 그를 용서하신다. 그것이 절차다. '죄인이 회개하면 용서하는 것'이다. 이 절차는 인간의 용서에도 그대로 적용된다. 가해자가 피해자에게 가한 자신의 부당한 행위를 진심으로 인정하고 '잘못했다'라고 사과할 때 비로소 피해자의 용서가 진행된다. 하나님이 죄를 용서하시는 것처럼 인간도 가해자의 죄(허물, 부당한 행위)를 용서하는 것이다. 이처럼 하나님의 용서와 인간의 용서 사이에 '절차'와 '범위'가 별반 다르지 않다. 이

것이 과연 성경이 제시하는 원칙인가에 관한 문제는 아래에서 다시 한 번 자세하게 나눠 볼 것이다.

기독교의 용서 원칙 2: 용서는 하나님의 초청이자 명령이다!

성경은 기독교인들에게 용서할 것을 명령한다. 물론 이 용서는 원칙 1에 기초한다. 즉 용서를 행함에 있어서 '하나님이 하신 것처럼' 해야 한다. 하나님이 하신 것처럼 하지 않고, 자기 나름 대로의 방식을 따라 용서하는 것은 올바른 성경적 용서라고 보기 힘들다. 영화 〈밀양〉에서 보듯이, 나는 앞서 제3자가 피해자에게 가해자의 용서를 집요하게 요구할 경우 일종의 폭력이 될 수 있다는 점을 지적했다. 즉, 인간이 인간에게 용서를 강제하거나 명령하는 것은, 특별히 신앙의 이름으로 피해자에게 용서를 부추기는 것에는 매우 세심한 주의를 요한다. 물론 용서 과정 진행이야 빠르면 빠를수록 좋을 것이다. 하지만 내일이 되어도 좋고, 한 달 뒤가 되어도 좋다. 일 년이 지나도 좋고, 10년이 넘어도 좋다. 용서할 수만 있다면 말이다. 하지만 피해자가 가해자를 진심으로 용서할 수 있는 기회가 올 때까지 옆에 있는 제3자는 용서를 부추기기보다는 기도하며 기다려야 한다. 가해자와 피해자 사이가 온전하게 회복될 수 있기를 소망하며 기도해야 한다. 이처럼 시기와 기간이야 사람마다 다를 수 있겠지만, 그럼에도 분명한 것은 하나님으로부터 용서하라는 명령을 받고 있다는 사실이다(막 11:25; 눅 6:37, 17:4), 사도 바울도 명령한다(골 3:13).

따라서 우리가 분명히 해야 할 지점은 마음속의 분노로 인해 용서하지 않기로 결심하고 마음 문을 굳게 닫지 말고 힘겹더라도 용서를 향해 마음 문을 열어 놓는 것이다. 만일 피해자가 가해자를 용서하지 않기로 결정한다면, 피해자가 겪게 될 것들은 자신에게 해가 되는 것이 대부분이다. 분노, 보복, 저주, 현실 부정 등이 끼치는 해악을 경험할 뿐이다.

위에서 두 가지 원칙을 언급했다. 이제 우리가 해야 할 일은 두 가지 원칙을 열어젖혀 세부적으로 살펴보는 것이다. 즉, 하나님이 하신 용서를 살펴보는 것이고, 용서를 하나님의 명령으로 받아들이는 것이다.

하나님이 너희를 용서하신 것 같이

위에서 언급한 바와 같이, 우리가 모델로 삼아야 할 용서는 하나님의 용서이다. 사도 바울은 '서로 친절하게 하며 불쌍히 여기며 서로 용서하기를 하나님이 그리스도 안에서 너희를 용서하심과 같이 하라'(엡 4:32)고 말한다. 여기서 던져야 할 질문은 분명하다. 하나님은 죄인을 어떻게 용서하시는가? 즉, 하나님은 어떤 절차를 밟아 죄인을 용서하시는가? 나는 독자와 함께 이 질문에 대한 답을 찾는 여정을 떠날 것이다.

이 지점에서 나는 책을 시작하면서 나누었던 자매 이야기를 다시 끄집어내야겠다. 직장 상사로부터 강간을 당한 후 저녁마다 교회에서 통곡하며 기도했던 그 자매는 내가 용서에 관해 깊이 몰두하게 만들었다. 그녀는 매일 저녁 교회에서 울면서 기도했다. 기도하는 것이야 좋은 것이지만, 용서를 두고서 씨름하며 했던 그녀의 기도 내용은 성경의 용서와는 거리가 있었다. 가해자에 대한 용서를 위해 그녀가 울면서 했던 그 기도의 내용은 성경에서 하나님이 보여주었던 용서와는 거리가 있었다는 것이다. 용서에 대해 그 자매가 갖고 있던 이해는 가해자의 사과나 참회 없이 진행해야 하는 무조건적인 용서였다. 그녀는 자신이 받은 상처나 고통은 전혀 개의치 않고 오히려 가해자를 무조건적으로 용서해야 한다고 생각했다. 그것이 그녀의 문제였다. 그녀는 그것이 참된 신앙이고 성숙한 신앙이라며 자신을 다그쳤다. 그러나 안타깝게도 용서에 관한 그 자매의 지식은 성경의 것과 일치하지 않는다. 아니 정반대의 내용을 성경의 가르침이라고 잘못 알고 있었다. 다시 말해서, 성경이 우리에게 보여주는 하나님의 용서는 조건적인 용서, 즉 회개를 전제로 하는 용서다.

일부 기독교인들은 용서와 관련해서 일종의 환상을 가지고 있다. 기독교적인 용서는 무조건적인 용서이며, 그런 용서라야 죄인(가해자)의 삶이 변화될 수 있을 것이라는 환상을 갖고 있다. 〈레미제라블〉에서 미리엘 신부(피해자)가 장발장(가해자)의 허물을 무조건 덮어주고 용서해 주었더니 장발장이 개과천선하여 새로운 삶을 영위할 수 있었던 것처럼, 일부 기독교인들은 자신의 무조건적인 용서가 반드시 그런 기적을 만들어낼 것이라는 환상을 품고 있다. 또한 가해자(죄인)를 무조건 용서할 수 있어야 참된 기독교인이며, 그렇게 할 때라야 영적으로 고상한 수준에 다다른 기독교인이 될 수 있다는 망상에 사로잡혀 있기도 하다.

여기에는 기독교인으로서 꽤 괜찮고 너그러운 사람으로 보이고 싶은 달콤한 유혹이 한몫을 차지한다. 이것은 분명 기독교인들이 쉽게 빠져드는 유혹 가운데 하나일 것이다. 자신이 영적으로 꽤 높은 수준에 이르렀다는 것을 은연중에 과시하고 싶어 안달이 나 있는 사람들이 종종 있다. 그런 사람들은 자신이 기도를 하루에 몇 시간씩 하고 있으며 성경을 얼마나 많이 읽고 있는가를 늘어놓기 좋아한다. 자신의 기도처와 방석을 자랑하고 너덜거리는 성경을 은근히 보여준다. 그만큼 영적으로 높다는 것을 드러내고 싶은 것이다. 아이러니하게도 용서 또한 기독교인들을 깊은 수렁으로 빠뜨리는 다양한 유혹들 가운데 하나이다. 보통 사람이라면 행할 수 없을 것으로 보이는 용서를 실천에 옮겨 보이면 영적으로 고매하다는 추앙을 받을 수 있기 때문이다. 그러나 무조건적인 용서 행위는 스스로를 영적인 자기기만에 빠뜨릴 수 있으며, 성경에서 확인할 수 있는 하나님의 용서와도 거리가 멀다.

구약성경에 나타난 용서

나는 우리가 모델로 취해야 할 하나님의 용서가 죄인(가해자)의 회개(사죄)를 조건으로 주어지는 용서라는 점을 거듭 확인할 것이다. 이 확인 작업을 위해 먼저 구약성경을 들여다볼 것이다. 물론 구약성경에 있는 용서(사죄)와 관련된 모든 구절과 본문을 일일이 다 살펴볼 수는 없다. 따라서 핵심적이고 상징적인 본문들을 일부 선정해서 하나님의 용서 모델을 살펴볼 것이다. 흥미로운 점은 구약성경에는 사람과 사람 사이의 용서를 다루고 있는 본문들이 예상하는 것보다 그리 많지 않다는 것이다. 창세기에 있는 요셉 이야기가 대표적으로 인간 사이의 용서를 살펴볼 수 있는 본문이 될 수 있겠지만, 그 외의 본문들은 대부분 인간의 죄에 대한 하나님의 용서를 다루고 있다고 해도 과언이 아니다. 반복되는 이야기이지만, 우리의 용서 모델은 하나님의 용서이다.

인류 최초의 죄에 대한 하나님의 용서

창조 이후 인류 최초의 죄는 아담과 하와에 의해서 행해진다. 창세기 2장 14절부터 3장 24절은 그 진행 과정을 다소 선 굵게 기록한다. 이 말씀에 따르면 아담과 하와는 하나님께 지음을 받은 이후 에덴동산에 거하게 되었고 그곳을 다스리는 임무를 맡게 된다. 그때 하나님은 아담에게 "동산 각종 나무의 열매는 네가 임의로 먹되, 선악을 알게 하는 나무의 열매는 먹지 말라, 네가 먹는 날에는 반드시 죽으리라"고 선언하신다(창 2:16-17). 안타깝게도 최초의 인간은 그 말씀을 무시하고 아내 하와가 건네준 열매를 먹게 되면서 죄인이 되고 만다: "여자가 그 열매를 따먹고 자기와 함께 있는 남편에게도 주매 그도 먹은지라"(창 3:6b). 창세기는 이 과정을 매우 단순하게 전개한다. 에덴동산의 관리자로 부름을 받았던 아담과 하와는 하나님의 명령을 어기고 선악을 알게 하는 나무의 열매를 먹으면서 결국 타락하게 되었다는 것이다. 간단히 말해서 하나님께 죄를 지은 것이다.

우리가 주목해야 할 부분은 바로 이 지점부터다. 아담과 하와가 인류 최초의 죄를 지었을 때 보였던 하나님의 반응을 주목해 보는 것이다. 독자들은 어떻게 생각하는가? 하나님이 그 죄를 무조건적으로 용서하셨다고 생각하는가? 아니면 조건적으로 용서하셨다고 이해하고 있는가? 본문에 대한 자세한 설명은 여러 창세기 주석에서 도움을 얻을 수 있을 것이다. 여기서는 죄에 대한 하나님의 반응에만 초점을 맞춰 그 패턴을 확인하는 것에 만족할 것이다. 매우 단순한 도식에 불과하겠지만 우리가 얻고자 하는 '하나님의 용서'에 대한 기초적인 패턴은 확인할 수 있을 것이다.

성경 말씀에 따르면, 하나님은 '그날 바람이 불 때'(해가 지고 서늘한 저녁이 되었을 즈음?) 아담과 하와에게 나타나셔서 세 가지 질문을 던지셨다: "네가 어디 있느냐?"와 "누가 너의 벗었음을 네게 알렸느냐? 내가 네게 먹지 말라 명한 그 나무 열매를 네가 먹었느냐?"(창 3:9b; 11), 그리고 하와에게 "네가 어찌하여 이렇게 하였느냐?"(창 3:13). 하나님이 아담과 하와에게 던진 질문들이 매우 단순해 보인다는 점이 흥미롭다. 하나님은 이 질문들을 왜 하셨을까? 하나님은 그들이 어디 있었는지 몰랐기 때문에, 그리고 그들이 무슨 잘못을 왜 저질렀는지에 대해서 정말 몰랐기 때문에 질문을 던졌던 것일까? 물론 아닐 것이다. 전지(全知)하신 하나님이 그들이 숨은 곳과 죄 지은 이유를 몰라서 그 질문들을 던졌을 것이라고 생각하는 것은 적절치 않다. 하나님은 답을 알면서도 질문들을 던졌을 것이다. 그런데 왜 그러셨던 것일까? 그 이유를 밝히기 위해 죄 지은 아담과 하와에게 하나님이 던졌던 질문들을 잠시 생각해 보자.

세일해머는 하나님이 던진 이 질문들이 창세기 4장 9-10절에서 동생 아벨을 죽인 가인에게 하나님이 던졌던 질문들과 매우 유사하며("네 아우 아벨이 어디 있느냐? … 네가 무엇을 하였느냐?"), 이 질문들은 법정에서 판사가 죄인들에게 던지는 질문들을 연상시킨다고 주장한다(John H. Sailhamer, 2008). 흥미롭고 충분히 가능한 주장이다. 하지만 그것은 나의 관심사가 아니다. 하나님이 죄를 지은 인류의 첫 번째 사람 아담에게 던진 최초의 말은 "네가 어디 있느냐?"였다. 앞서 말했지만, 하나님이 아담의 소재를 몰라서 질문했다고 보는 것은 옳지 않다. 하나님은 아담의 소재를 알면서도 그 질문을 던진 것이다. 성경은 '여호와 하나님의 소리를 듣고 아담과 그의 아내가 여호와 하나님의 낯을 피하여 동산 나무 사이에 숨은지라'라고 기록한다(창 3:8). 상상력을 조금 동원하면, 아버지의 말을 거역한 딸이 아버지가 들어오는 소리를 듣고 다락에 숨었는데 그것을 알아차린 아버지가 다락 문 앞에서 딸의 이름을 부르는 것과도 같을 것이다. 아버지가 다락 문 바로 앞에서 "수연아~ 수연아~ 너 어디 있니?"라고 부르고, 수연이는 숨을 멈춘 채 눈만 껌벅거리면서 웅크리고 있는 것이다. '동산 나무 사이'에 숨어 있던 아담과 하와도 같은 모습을 취하면서 속으로 생각했을 것이다: '우리가 선악과를 먹었다는 사실을 하나님이 알고 계신다면, 이제 큰일이 날 것이다. 우린 하나님의 심판을 견디지 못할 거야. 어떤 변명을 늘어놓아야 하지?' 등등의 생각을 했을 것이다. 아마도 하와와 함께 의논했을지도 모른다. 그러나 분명하게 말할 수 있는 것은 하나님이 "네가 어디 있느냐?"라며 그들을 찾았을 때, 아담과 하와는 그들이 죄인이라는 존재론적 인식을 분명히 했을 것이라는 점이다.

하나님은 그들에게 "누가 너의 벗었음을 네게 알렸느냐? 내가 네게 먹지 말라 명한 그 나무 열매를 네가 먹었느냐?"라고 질문하셨다 (창 3:11). "네가 어디 있느냐?"라는 질문보다 그들로 하여금 자신의 죄를 훨씬 더 선명하게 직면할 수 있게 하는 질문이다. 돈을 훔친 자에게 "내가 그 돈을 훔치지 말라고 하였는데, 결국 그 돈을 훔쳤느냐?"라고 하는 질문과 같다.

그들은 선악을 알게 하는 나무의 열매를 먹은 결과, 즉 죄를 지은 대가로 자신들이 벌거벗었다는 것을 깨닫게 되었다. 창세기 3장 7절에 따르면, 그들은 이미 자신들의 눈이 밝아져 자기들이 벗은 줄을 알게 되었고 그 수치를 가리기 위해 무화과나무 잎을 엮어 치마를 만들어 입었다고 한다. 가나안 지역에서 무화과나무 잎이 가장 크다는 것을 고려할 때, 여러 종류의 나무 잎들 가운데서 무화과나무 잎을 선택한 것은 매우 합리적인 선택이었을 것이다. 그러나 그들이 입은 최초의 옷의 유통기한은 길지 않았을 것이다. 한낮의 뜨거운 온도를 견디면서 하루나 제대로 유지되었을까? 그들은 죄를 짓기 전의 상태로 되돌아가기 위해 날마다 무화과나무 잎을 엮어 자신의 수치를 가려야 했을 것이다. 이런 상황에서 하나님은 그들에게 "내가 네게 먹지 말라 명한 그 나무 열매를 네가 먹었느냐?"라고 질문하셨다(창 3:11). 하나님의 질문은 그들의 마음을 송곳처럼 아프게 찔렀을 것이다.

아담은 하나님에게 "하나님이 주셔서 나와 함께 있게 하신 여자 그가 그 나무 열매를 내게 주므로 내가 먹었나이다"라며 변명을 늘어놓았다(창 3:12). 아담은 이렇게 변명함으로써 하나님과 하와에게 자신의 책임을 전가시켰다. 하나님은 아담이 독처하는 것이 좋지 못해 돕는 배필로 하와를 만드셨는데, 아담은 바로 그 하와 때문에 죄를 짓게 되었으니 그녀를 만들어 준 하나님에게도 책임이 있다는 것이다. 또한 실제로 하와가 자신에게 그 열매를 주어 먹게 했으니 그녀에게도 책임이 있다는 것이다. 하나님은 아담의 반격에 일일이 대응하지 않고 하와에게 "네가 어찌하여 이렇게 하였느냐?"라고 질문하셨다(창 3:13). 하나님의 이 질문은 수사적인 질문이다. 즉 하와에게 어처구니없고 충격받은 톤으로 '네가 정말 대단한 일을 저지르고 말았구나'라는 뉘앙스를 전달한다. 히브리어 원문에 등장하는 지시대명사의 용법을 고려해 현대적으로 바꾼다면, "하와야! 네가 도대체 무슨 짓을 저지른 것이니?" 정도가 될 것이다. 다시 말해서, 하나님의 질문은 하와의 죄를 향하고 있었던 것이다.

앞서 질문했던 것처럼, 하나님은 인류 최초로 죄를 지은 아담과 하와에게 다가와 이런 질문들을 던지셨다. 왜 그랬을까? 그 이유가 명시적으로 기록되어 있지 않기 때문에 단정할 수는 없지만, 아마도 회개의 기회를 주고 계셨던 것으로 보인다. 비록 죄 때문에 동산 나무 사이에 몸을 숨기고 있지만, 그들을 찾고 계시는 하나님 앞으로 회개하며 나오기를 바라는 질문이었을 것이다. 이 질문들을 포함해서 아담과 하와의 대답을 고려해 볼 때, 대화 자체가 길지는 않았지만 그들이 하나님께 돌아가고자 했다면 회개하기에는 충분한 시간이었을 것이다. 그러나 그들은 회개하지 않았고 오히려 변명으로 일관했다. 아담은 "하나님이 주셔서 나와 함께 있게 하신 여자 그가 그나무 열매를 내게 주므로…"라고 말하면서 자신의 죄책을 하나님과 하와에게 돌렸고, 하와는 "뱀이 나를 꾀므로 내가 먹었나이다"라면서 뱀의 유혹을 핑계 삼아 자신의 죄를 변명하였다(창 3:12-13). 인류 최초의 사람인 아담과 하와는 이렇게 변명으로 일관하며 회개하지 않았다.

이런 아담과 하와에게 하나님은 어떻게 행하셨나? 성경을 좀 알고 있는 독자들은 그다음 이야기를 잘 알고 있을 것이다. 하나님은 그들에게 어떻게 행하셨나? 하나님은 사랑의 하나님이시기 때문에 그들을 무조건 용서하셨는가, 아니면 그 반대였나? 잘 알다시피 하나님은 그들을 무조건적으로 용서하지 않으셨다. 뱀과 하와와 아담에게 각각 심판을 내리신다. 하나님은 공의의 하나님이시기 때문이다. 뱀에게는 여자의 후손에 의해 머리가 상하게 될 것이고, 뱀은 여자의 후손의 발꿈치를 상하게 할 것이라고 하셨다(창 3:14-15). 여자에게는 임신의 고통이 더욱 클 것이라는 것과 남편의 다스림을 받게 될 것이라고 하셨다(창 3:16). 그리고 아담에게는 그의 죄 때문에 땅이 저주를 받게 될 것이고, 평생 수고의 소산을 먹게 될 것이라고 하셨다(창 3:17). 아담과 하와에게는 이것뿐만 아니라 에덴동산에서 쫓겨나는 일까지 생겼다: "이같이 하나님이 그 사람을 쫓아내시고 에덴동산 동쪽에 그룹들과 두루 도는 불 칼을 두어 생명 나무의 길을 지키게 하시니라"(창 3:24).

이것이 우리가 창세기 3장에서 확인할 수 있는 인류 최초의 죄에 대한 하나님의 대응이다. 죄인을 그대로 두지 않으셨다. 그는 공의의 하나님이시기 때문이다. '하나님은 사랑의 하나님이시다'라는 말을 '하나님은 무조건적으로 용서하는 분이시다'로 이해하는 것은 잘못이다. 문맥상 하나님은 그들에게 회개의 기회를 주시고 있었다고 보는 것이 자연스럽다. "네가 어디 있느냐?" "내가 네게 먹지 말라 명한 그 나무 열매를 네가 먹었느냐?" "네가 어찌하여 이렇게 하였느냐?" 이 질문들은 모두 회개로의 초청 문자였던 것으로 보인다. 하지만 아담과 하와는 그 문자를 완전히 무시했다.

구약의 제사법과 용서

레위기서는 구약성경의 여러 책들 가운데서 죄사함(죄 용서함)의

메커니즘을 가장 체계적으로 알려주는 책이라 할 수 있다. 죄를 범한 자가 하나님으로부터 사함(용서)을 받기 원할 때 밟아야 하는 절차를 알려준다. 쉽게 말해서, 레위기서는 하나님의 죄 용서와 회복에 관한 가이드북이라 할 수 있다. 물론 레위기서의 궁극적인 목적은 거룩한 삶을 강조하는 데 있다. 그래서 레위기서는 '거룩한 삶'에 대한 요청을 여러 차례 반복한다('내가 거룩하니 너희도 거룩할지어다'[레 11:45b]). 특별히 레위기의 핵심 부분이라 할 수 있는 레위기 19장에서는 "너는 이스라엘 자손의 온 회중에게 말하여 이르라, 너희는 거룩하라! 이는 나 여호와 너희 하나님이 거룩함이니라"(2절)고 말씀하신다. 이에 레위기서 19장은 거룩한 삶이 일상의 삶에서 어떻게 나타나야 하는가를 구체적으로 기술하고 있다(레 19:3-37). 그러나 거룩한 삶은 죄인이 하나님과의 올바른 관계, 즉 죄인의 죄가 사함(용서함)을 받은 후 하나님과 화해가 이루어진 이후에야 가능한 것이다.

흥미로운 것은 레위기서에도 하나님이 죄인을 용서할 때(=사할 때) 조건 없이 혹은 어떤 절차 없이 용서하지 않는다는 점이다. 죄인들은 하나님의 용서를 받기 위해 제사를 드려야 했다. 기독교인들이 잘 알고 있듯이 레위기 1-7장은 다섯 가지 종류의 제사(번제, 소제, 화목제, 속죄제, 속건제)를 소개하고 있는데, 1장 3절부터 6장 7절까지는 일반 백성이 제사를 드릴 때의 제물 종류와 절차를, 6장 8절부터 7장 38절까지는 제사장들이 드릴 때의 제물 종류와 절차를 각각 소개하고 있다. 이 제사들은 제사장의 신분이나 경제적 형편에 따라 제물 종류를 달리할 수 있었고, 제사 종류에 따라 진행 절차가 달랐다. 주목할 것은 자발적으로 드렸던 번제, 소제, 화목제와는 달리 속죄제와 속건제는 죄사함(용서)과 밀접하게 연관된 제사였다는 점이다. 고의적이든 그렇지 않든 죄를 지었을 경우 드렸던 속죄제와 재산 상의 손해를 입힌 죄를 지었을 경우 드렸던 속건제는 기본적으로 하나님의 죄 용서함(사함)을 받기 위한 제사였다.

여기서 나의 목적은 레위기의 5대 제사 종류와 절차를 구체적으로 설명하는 것에 있는 것이 아니라, 죄인이 어떻게 하나님의 용서함(사함)을 받게 되는가에 독자들의 시선을 모으는 것이다. 하나님은 하나님의 계명을 위반한 죄인을 그냥 용서하시지 왜 번거로운 절차를 밟게 하셨을까? 속죄제의 경우, 죄인은 동물을 가지고 와서 제사장 앞에서 안수하면서 자신의 죄를 전가하고 도살해야 했다. 제사장은 제물에서 나온 피를 받아 회막 안으로 들어간 다음 피를 손가락에 묻혀 휘장에 일곱 번 뿌리고 향단의 네 뿔에 바르며 신분에 따라 제단에 뿌리기도 했다. 제물의 기름과 두 콩팥과 간도 신분에 따라 번제단에서 태워졌고, 남은 고기는 밖에서 소각되기도 했고 제사장이 섭취하기도 했다. 속건제도 마찬가지지만, 속죄제와 속건제는 모두 피의 제사였다(속죄제의 경우 가난한 자들은 곡물로 제사를 드릴 수 있었다). 제사자의 회개가 동반된 제사 과정을 거치면 죄사함을 받을 수 있었던 것이다. 신약성경의 히브리서 기자는 다음과 같이 적고 있다: "율법을 따라 거의 모든 물건이 피로써 정결하게 되나니 피흘림이 없은즉 사함이 없느니라"(히 9:22).

무엇을 새삼 확인할 수 있는가? 하나님은 죄인을 그냥 용서하시지 무엇 때문에 저렇게 번거로운 절차를 거치도록 하면서까지 조건을 내세우시는 것일까? 적어도 죄인은 그런 절차를 거치면서 많은 생각을 할 것이다. 특별히 제물을 직접 도살하는 과정을 거치면서 자신의 죄가 얼마나 끔찍한 것이었는가를 반추하였을 것이다. 하나님은 죄인을 결코 그냥 무조건적으로 용서하지 않으신다. 회개하고 제사를 드릴 때 비로소 죄 용서함을 받을 수 있었다. 이것이 하나님의 법이고 원칙이다.

다윗 이야기에 나타난 용서

신약성경의 첫 번째 책인 마태복음의 시작은 '아브라함과 다윗의 자손 예수 그리스도의 계보라'로 시작한다(마 1:1). 혈통 측면에서 예수님의 수많은 조상들 가운데서 다윗의 이름이 언급된 것은 다윗이 유대인들에게 그만큼 중요한 인물로 받아들여지고 있다는 것을 반증하는 것이기도 하지만, 사무엘하 7장에 있는 다윗언약의 성취 차원에서도 중요하기 때문이다. 사무엘하 7장에 따르면 하나님은 다윗에게 언약의 말씀을 주시면서 그의 후손들의 보좌가 영원할 것이라고 약속하셨다. 그 언약은 남유다가 멸망당하면서 끊어진 듯 보였다가 왕으로 오신 예수 그리스도로 말미암아 마침내 성취되었다:

전에 내가 사사에게 명령하여 내 백성 이스라엘을 다스리던 때와 같지 아니하게 하고 너를 모든 원수에게서 벗어나 편히 쉬게 하리라 여호와가 또 네게 이르노니 여호와가 너를 위하여 집을 짓고 네 수한이 차서 네 조상들과 함께 누울 때에 내가 네 몸에서 날 네 씨를 네 뒤에 세워 그의 나라를 견고하게 하리라 그는 내 이름을 위하여 집을 건축할 것이요 나는 그의 나라 왕위를 영원히 견고하게 하리라(삼하 7:11-13).

누가복음은 다윗의 왕위가 예수 그리스도에게 주어졌다고 선언한다.

그가 큰 자가 되고 지극히 높으신 이의 아들이라 일컬어질 것이요 주 하나님께서 그 조상 다윗의 왕위를 그에게 주시리니
(눅 1:32).

예수님의 조상 다윗은 하나님으로부터 '나의 마음에 맞는 사람'이

라는 표현을 듣기도 했다(행 13:22). 이 표현은 사도 바울과 일행이 안디옥으로 전도여행을 가서 예수님을 소개하는 장면에서 나온 표현이다. 이스라엘이 하나님에게 왕을 요구했을 때 사울을 왕으로 세워 주었지만, 얼마 후 그를 폐하고 다윗을 왕으로 세웠다고 말하던 중에 나온 표현이다: "내가 이새의 아들 다윗을 만나니 내 마음에 맞는 사람이라. 내 뜻을 다 이루리라"(행 13:22). 사실 이 표현은 원래 사울이 블레셋과 싸우던 와중에 나온 표현이었다. 사울이 블레셋과 싸우던 중 길갈에 머물 때 약속대로 사무엘이 오지 않은 상태에서 블레셋 사람들은 전투를 벌이기 위해 믹마스에 집결하고 있었고 이스라엘 백성은 두려움에 떨며 사울을 떠나기 시작했다. 이에 다급해진 사울이 하나님께 도움을 요청하겠다며 사무엘이 오기도 전에 번제를 드렸다. 이를 두고서 늦게 온 사무엘이 사울에게 망령된 일을 하였다며 다음과 같이 말했다:

사무엘이 사울에게 이르되 왕이 망령되이 행하였도다 왕이 왕의 하나님 여호와께서 왕에게 내리신 명령을 지키지 아니하였도다 그리하였더라면 여호와께서 이스라엘 위에 왕의 나라를 영원히 세우셨을 것이거늘 지금은 왕의 나라가 길지 못할 것이라 여호와께서 왕에게 명령하신 바를 왕이 지키지 아니하였으므로 여호와께서 그의 마음에 맞는 사람을 구하여

여호와께서 그를 그의 백성의 지도자로 삼으셨느니라 하고

(삼상 13:13-14).

사무엘의 입을 통해서 나온 "여호와께서 그의 마음에 맞는 사람을 구하여 여호와께서 그를 그의 백성의 지도자로 삼으셨느니라"는 말씀은 다윗을 가리킨다. 이런 맥락을 고려해 보면, 하나님의 마음에 맞는 자라는 표현은 사울의 불순종과 반대되는 의미, 즉 하나님의 말씀에 순종하는 자임을 대변한다. 다윗은 그만큼 하나님의 말씀에 순종하는 자로 하나님께 인정을 받았다는 것을 알 수 있다.

다윗의 죄악과 그 성격

그러나 이와 같은 위상을 지닌 다윗도 천인공노할 죄를 짓고 말았다. 다윗은 어느 날 저녁, 왕궁 옥상을 거닐다가 한 여인이 목욕하는 것을 보고 정욕에 사로잡혀 그 여자를 데려와 동침했던 것이다. 그녀의 이름은 밧세바였고 남편은 헷 사람 우리아로 그는 요압과 더불어 전쟁에 참여하고 있던 장수였다. 다시 말해, 다윗은 자신의 장수인 우리아의 아내와 더불어 십계명의 일곱 번째 계명인 간음죄를 저지른 것이었다. 얼마 후 다윗은 밧세바가 임신했다는 사실을 알게 되고, 그는 우리아가 밧세바와 합방할 수 있도록 전쟁터에 있던 우리아를 억지로 왕궁으로 불러들였다. 이 조치는 우리아에게 포상을

주려 한 것이 아니라 자신과 밧세바의 관계로 생긴 임신을 우리아에게로 돌리고자 했던 계략이었다. 그러나 충신이었던 우리아는 다윗이 자신을 궁으로 불러들여 위로하고 집으로 돌아가 피로를 풀라고 하였음에도 불구하고 집으로 돌아가지 않고 전쟁 중에 있던 군사들을 생각하면서 자신의 부하들과 함께 왕궁 문에서 잤다. 다윗은 자신의 계획대로 진행되지 않는 것을 보고, 아예 우리아를 전사시키기로 결심한다. 다윗은 전쟁터에 있던 요압에게 서신을 보내 우리아를 적군에 의해 죽게 만들었다. 살인죄를 저지른 것이다. 정리하면, 다윗은 십계명의 살인하지 말라는 여섯 번째 계명과 간음하지 말라는 일곱 번째 계명을 어긴 것이다. 다윗은 오래전 사무엘의 입을 통해서 하나님의 마음에 맞는 자라는 표현이 주어졌던 자였고, 그래서 하나님의 기름 부음을 받아 이스라엘의 두 번째 왕이 되었던 자였다. 더 나아가 그는 자신의 왕조가 영원할 것이라는 하나님의 언약의 말씀을 받았던 자이기도 했다. 그러나 그는 지금 간음한 자와 살인자로 전락하고 만 것이다.

다윗의 회개와 하나님의 용서

이런 죄를 저지른 다윗에게 하나님은 어떻게 반응하셨는가? 하나님은 다윗을 특별히 아꼈기 때문에 무조건적으로 용서하셨을까? 하지만 하나님은 그렇게 하지 않으셨다. 무엇보다 성경은 하나님이 다윗의 죄악을 악한 것으로 보았다는 점을 명시한다: "다윗이 행한 그 일이 여호와 보시기에 악하였더라"(삼하 11:27). 간음을 저지르고 살인을 하였으니 하나님이 다윗의 죄악을 악하게 본 것은 당연하다. 구약성경에 따르면, 간음한 자는 사형에 해당하고(레 20:10), 살인자는 만일 고의로 한 것이 아니라면 항변할 기회가 주어졌지만 고의로 죽였다면 사형에 해당한다(출 21:12-14; 민 35:31). 따라서 다윗은 하나님의 심판을 받아 마땅했지만, 하나님의 재량과 은혜로 회개의 기회가 주어졌다. 그것은 하나님이 나단 선지자를 다윗에게 보냈던 장면에서 확인된다: "여호와께서 나단을 다윗에게 보내시니"(삼하 12:1).

나단은 다윗에게 긴 이야기를 하게 될 텐데, 그 이야기를 들은 다윗이 회개하면 살 수 있겠지만 회개하지 않으면 죽게 될 것이 자명했다. 죽게 될 것이라는 심판은 다윗의 입을 통해서 암시된다("이 일을 행한 그 사람은 마땅히 죽을 자라"[삼하 12:5]).

나단은 다윗에게 이런 이야기를 한다. 한 마을에 두 사람이 있었는데 한 사람은 부자이고 한 사람은 가난했다. 부자는 양과 염소가 많았고, 가난한 자는 작은 암양 새끼가 전부였으며 그러다 보니 그 암양은 그 집의 자식과도 같았다는 것이다. 어느 날 한 나그네가 이 부자에게 들렀다. 부자는 자신의 가축을 잡아 그를 대접했어야 함에도 불구하고 가난한 자의 암양 새끼를 잡아 나그네를 대접했다는 것이다. 이 이야기를 들은 다윗이 펄쩍 뛰면서 한 말이 이랬다: "다윗이 그 사람으로 말미암아 노하여 나단에게 이르되 여호와의 살아 계심을 두고 맹세하노니 이 일을 행한 그 사람은 마땅히 죽을 자라"(삼하 12:5). 다윗은 자신이 어떤 죄를 저질렀는지는 보지 못하고 있었다. 즉 눈은 뜨고 다녔지만, 영적으로는 감긴 상태였다.

나단은 다윗에게 그 부자가 바로 당신이라고 말하면서("당신이 그 사람이라"[삼상 12:7]) 다윗의 심장과 죄책을 날카롭게 찌른다. 하나님이 다윗에게 큰 은혜를 주어 이스라엘의 왕이 되게 하셨는데 어찌하나님과 그의 말씀을 업신여겼느냐는 것이었다. 하나님은 나단의 입을 통해 이렇게 말씀하신다:

그러한데 어찌하여 네가 여호와의 말씀을 업신여기고 나 보기에 악을 행하였느냐 네가 칼로 헷 사람 우리아를 치되 암몬 자손의 칼로 죽이고 그의 아내를 빼앗아 네 아내로 삼았도다 이제 네가 나를 업신여기고 헷 사람 우리아의 아내를 빼앗아 네 아내로 삼았은 즉 칼이 네 집에서 영원토록 떠나지 아니하리라 하셨고(삼상 12:9-10).

다윗이 저지른 죄악은, 곧 하나님을 업신여기는 죄악이었다. 그리고 그 죄악에는 심판이 뒤따를 것이다. 다윗은 이 모든 내용을 나단으로부터 들었다. 이제 공은 다윗에게 넘겨졌다. 다윗은 죄를 지었지만, 하나님은 다윗에게 회개할 기회를 주신 것이다. 자, 다윗은 자신의 죄악을 깨닫고 회개할 것인가? 아니면 스스로를 변명하면서 회개하지 않을 것인가? 다윗이 회개하면 용서가 주어질 것이고, 그렇지 않으면 다윗 스스로가 말했던 것처럼 죽음을 면치 못할 것이다("이 일을 행한 그 사람은 마땅히 죽을 자라"[삼하 12:5]).

놀랍게도 사무엘상 12장 13절은 다윗의 죄에 대한 하나님의 용서가 어떻게 진행되었는지를 명징하게 보여준다. 다윗은 하나님이 주신 회개의 기회를 놓치지 않았다. 자신의 죄를 인정하고 고백했다: "내가 여호와께 죄를 범하였노라"(13a). 누군가로부터 용서를 받고자 한다면, 자신의 잘못을 인정하는 것으로부터 출발해야 한다. 자신이 무슨 잘못을 했는지 인식하지도 못하고 있을 때 그에게 용서가 주어진다면 그 용서는 플라세보 효과(placebo effect)에 지나지 않는다. 그것은 참된 용서도 아니고, 따라서 참된 화해도 없는 거짓 용서인 것이다. 다행히도 다윗은 자신의 잘못을 진심으로 인정하고 고백했다. 그러자 그때서야 나단의 입을 통해 용서가 주어진다: "나단이 다윗에게 말하되 여호와께서도 당신의 죄를 사하셨나니 당신이 죽지 아니하려니와"(삼상 12:13b).

'하나님의 마음에 합한 자'라고 불린 다윗. 그는 말 그대로 이스라엘의 위대한 왕이었다. 왕으로서 그가 이루었던 정치적, 경제적 업적은 이루 다 말할 수 없을 정도로 많았다. 그는 하나님으로부터 그의 왕위와 왕조가 영원할 것이라는 약속도 받았던 자였다(삼하 7장).
그리고 그 약속대로 그의 왕위는 예수 그리스도에게로 넘어갔다(눅
1:32). 다윗의 이런 위대함에도 불구하고 그의 삶은 한순간의 잘못으
로 죄로 얼룩지고 말았고, 하나님의 심판을 피할 수 없게 되었다. 그
는 하나님의 용서를 받고 회복할 수 있었을까? 그렇다. 그는 하나님
의 용서를 받았다. 그러나 그것은 '회개'라는 통로를 통해서였다. 다
른 길이 없었다.

요셉 이야기에 나타난 용서

구약성경의 용서와 관련된 본문들 중에 가장 자주 언급되는 본문
은 아마도 창세기 30-50장에서 전개되는 '요셉 이야기'일 것이다.
요셉의 이름은 야곱과 라헬 사이에서 요셉이 태어나는 장면에서 처
음 등장하는 데(창 30:22-24), 그가 핵심 인물로 등장하는 곳은 창세기
37-50장이다. 창세기 저자는 다른 중요한 사건들과 인물들의 존재
에도 불구하고 요셉에게 많은 부분을 할애하여 전개한다.

요셉 이야기는 언뜻 보면 단순해 보일 수 있다. 야곱과 라헬 사이
에서 태어난 요셉은 형들의 시기를 받아 17세의 나이에 애굽의 노
예로 팔려갔다가 30살의 나이에 애굽의 총리가 되는 역전 드라마를
써 나간다. 요셉이 총리가 된 직후 7년간 풍년이 임하고, 7년간의 흉

년이 시작된다. 흉년이 2년간 진행될 때 가나안 땅에도 기근이 들게 되었고 야곱이 양식을 구하기 위해 요셉의 형들을 애굽으로 보내게 되면서 요셉과 형들은 22년 만에 극적으로 재회하게 된다. 하지만 요셉은 자신을 노예로 팔았던 형들에게 보복을 가하지 않고 용서했다는 그런 이야기이다.

창세기 45장에는 요셉이 형들에게 마침내 자신의 정체를 밝히고, 자신을 노예로 팔았던 과거로 인해 두려워 떠는 형들을 안정시키고, 자신이 애굽의 총리가 된 과정에 하나님의 놀라운 구원 계획이 있었음을 밝히면서 서로 부둥켜 우는 장면이 전개된다.

> 당신들이 나를 이곳에 팔았다고 해서 근심하지 마소서 한탄하지 마소서 하나님이 생명을 구원하시려고 나를 당신들보다 먼저 보내셨나이다(창 45:5)…하나님이 큰 구원으로 당신들의 생명을 보존하고 당신들의 후손을 세상에 두시려고 나를 당신들보다 먼저 보내셨나니 그런즉 나를 이리로 보낸 이는 당신들이 아니요 하나님이시라 하나님이 나를 바로에게 아버지로 삼으시고 그 온 집의 주로 삼으시며 애굽 온 땅의 통치자로 삼으셨나이다(창 45:7-8)…자기 아우 베냐민의 목을 안고 우니 베냐민도 요셉의 목을 안고 우니라 요셉이 또 형들과 입맞추며 안고 우니 형들이 그제서야 요셉과 말하니라(창

45:14-15).

창세기의 가장 웅장한 장면이 창세기 1장에 기록되어 있다면, 가장 감동적인 장면은 요셉 이야기에 있다고 해도 과언이 아닐 것이다. 죽임을 당하기 직전, 애굽에 노예로 팔렸던 상처 많은 피해자 요셉이 가해자인 형들에게 직접 원한을 갚지 않고 오히려 무조건적으로 따뜻하게 받아들였으니 이보다 감동적인 이야기가 또 어디 있을까 싶다. 하지만 요셉의 용서가 외견상 이렇듯 감동적이고 무조건적인 용서로 보이지만, 요셉 이야기 자체가 그러한 해석을 지지하는가에 대해서는 의문을 제기하지 않을 수 없다.

나는 아래에서 요셉의 용서 또한 조건적인 용서였다는 점을 전개하려고 한다. 이때 다음과 같은 두 가지 측면에 초점을 맞출 것이다. 하나는 요셉이 양식을 구하려고 애굽에 내려왔던 형들을 만난 후 여러 과정을 거치면서 표출된 형들의 변화된 모습에 주목하는 것이고 (창 42-44장), 다른 하나는 요셉이 자신의 정체를 형들에게 밝혔을 때와 야곱이 죽은 직후 형들의 모습에 주목할 것이다(창 45:1-15; 50:15-21).

형들의 변화된 모습

창세기 42장에는 애굽과 가나안 땅에 기근이 심하게 들자 야곱이 베냐민을 제외한 열 아들에게 애굽으로 내려가 식량을 구해 오라고 명하는 장면이 기록되어 있다. 야곱이 베냐민을 제외한 이유는 그가 형들과 함께 내려갔다가 혹여 요셉처럼 생명을 잃게 되지 않을까 걱정했기 때문이다. 여하튼 야곱의 열 아들은 애굽으로 내려갔고 총리인 요셉을 만나게 되는데 요셉은 형들을 알아보지만 형들은 총리가 된 요셉을 알아보지 못한다. 세월도 많이 흘렀지만 귀족이 되어 있는 요셉의 변화된 모습을 쉽게 알아보기는 힘들었을 것이다.

그때 긴장을 유발하는 문제가 발생한다. 요셉이 형들을 정탐꾼으로 몰아세우면서 감옥에 넣었기 때문이다. 여기서 '감옥'으로 번역된 히브리어 단어는 '미쉬마르'라고 하는 데(창 42:17, 19), 요셉이 보디발의 아내의 모함으로 감옥에 갇혔을 때의 '감옥'과 동일한 단어이다. 즉, 요셉이 모함을 받아 감옥에 갇혔던 것처럼, 형들도 요셉의 모함을 받아 감옥에 갇히게 된 것이다. 요셉의 의도는 무엇이었을까? '내가 예전에 노예로 끌려왔을 때 당했던 고생을 당신들도 한 번 당해 봐라!'는 의도가 숨어 있었던 것일까? 다시 말해서, 요셉은 형들에게 복수를 하고 싶었던 것일까? 그런데 막강한 권력을 쥐고 있던 자가 하는 복수치고는 너무 소심하지 않은가? 형들을 감옥에 넣고 정탐꾼이라고 했던 이유는 9절에 있다: "요셉이 그들에게 대하여 꾼 꿈을 생각하고 그들에게 이르되 너희는 정탐꾼들이라 이 나라의 틈을 엿보려고 왔느니라"(창 42:9). 왜 굳이 정탐꾼으로 몰아간 것이었을까에 대해서는 모호한 부분이 여전히 남아 있지만, "요셉이 그들에게 대하여 꾼 꿈을 생각하고 그들에게 이르되 너희는 정탐꾼들이라"는 구절에서 우리는 요셉이 적어도 복수 차원에서 그렇게 하고 있는 것이 아니었다는 것을 알 수 있다. 어렸을 때 꾼 꿈이 원인으로 작용했던 것이다. 첫아들을 낳고 요셉이 "하나님이 내게 내 모든 고난과 내 아버지의 온 집 일을 잊어버리게 하셨다"라고 한 말은 요셉의 상황에 대해 많은 것을 예측 가능하게 한다(창 41:51).

먼저 총리가 되기 전 애굽에서의 삶이 얼마나 힘들었는지 알 수 있다. 또한 므낫세를 낳으면서 야곱과 형제들에 대한 모든 것을 잊을 수 있었다는 것도 알 수 있다. 그러나 형들을 만나게 되면서 예전에 꿈이 다시금 기억 저편에서 떠올랐던 것이다. 분명한 것은 이 과정에서 형들의 입을 통해 22년 전 자신들과 요셉 사이에 있었던 불행한 사건이 밖으로 표출된다:

그들이 이르되 당신의 종 우리들은 열두 형제로서 가나안 땅
한 사람의 아들들이라 막내아들은 오늘 아버지와 함께 있고
또 하나는 없어졌나이다(창 42:13).

독자들도 확인할 수 있듯이, 형들은 지금 거짓말을 하고 있다. 요셉은 실종된 것이 아니라, 22년 전 자신들이 그를 직접 미디안 사람

들에게 은 이십에 노예로 팔아넘겨졌기 때문이다(창 37:25-36). 형들은 요셉의 모함으로 감옥에 갇히게 되는 과정을 거치면서 오래전 요셉 사건을 떠올리게 된 것이다. 그런데 요셉과 관련된 그들의 표현을 보면, 요셉이 죽어서 더 이상 야곱과 함께 살고 있지 않다는 것은 드러나 있지만 요셉을 노예로 팔아넘겼던 행위에 대한 죄의식은 보이지 않는다.

그러나 요셉 이야기가 진행되면 진행될수록 그들이 오래전 요셉에게 했던 악한 일이 잠들어 있던 그들의 기억 상자 속에서 서서히 선명하게 재생되고 있는 것을 알 수 있다. 요셉은 시므온만 감옥에 가둔 채 형제들에게 베냐민을 데려올 것을 요구한다. 그래야 그들이 정탐꾼이 아니라는 것을 입증하고 생명을 보존할 수 있게 될 것이다. 이때 형제들은 다시 한 번 22년 전에 자신들이 요셉에게 했던 악행을 떠올린다:

> 그들이 서로 말하되 우리가 아우의 일로 말미암아 범죄하였도다 그가 우리에게 애걸할 때에 그 마음의 괴로움을 보고도 듣지 아니하였으므로 이 괴로움이 우리에게 임하도다 르우벤이 그들에게 대답하여 이르되 내가 너희에게 그 아이에 대하여 죄를 짓지 말라고 하지 아니하였더냐 그래도 너희가 듣지 아니하였느니라 그러므로 그의 핏값을 치르게 되었도다 하니

(창 42:21-22).

형들의 생각에 변화가 일기 시작했다. 며칠 전에는 그들이 요셉에게 했던 가해에 대해 무미건조하게 말했었는데, 삼일이 지난 지금은 요셉에게 가했던 바로 그 죄 때문에 자신들이 벌을 받게 된 것이라고 생각하는 것이다(창 42:18-22). 처음에 가졌던 생각("하나는 없어졌나이다"[창 42:13])에서 변화된 것을 볼 수 있다. 미디안 사람들에게 요셉을 판 이후 22년의 세월이 흐르는 동안 그들이 요셉을 어떻게 생각했는지는 알 수 없으나, '하나는 없어졌나이다=요셉은 죽었나이다'라고 생각하는 수준에 머무르고 있지 않았을까? 그러나 시므온만 감옥에 두고 떠나야 하는 상황을 통해 22년 전의 일을 떠올리게 되었을 뿐만 아니라 그때 요셉에게 가했던 그 죄에 대한 죄의식을 갖게 되었다. 그들의 내면세계에 어떤 변화가 일어나고 있음을 감지할 수 있는 부분이다.

그들은 가나안 땅에 돌아와서 야곱에게 애굽에서 있었던 자초지종을 보고한다. 예상대로 야곱은 "너희가 나에게 내 자식들을 잃게 하도다. 요셉도 없어졌고 시므온도 없어졌거늘 베냐민을 또 빼앗아 가고자 하니 이는 다 나를 해롭게 함이로다"라고 말하면서 탄식한다(창 42:36). 요셉은 이미 잃었고, 시므온은 감옥에 두고 왔으며, 막내 베냐민을 데려오라는 말을 들었으니 야곱은 탄식하지 않을 수 없

5장 _ 성경적 용서의 출발: 성경은 용서를 어떻게 하라고 가르치나요?

었을 것이다. 어쨌든 얼마간의 시간이 흘렀다. 야곱은 끝내 베냐민을 보내고 싶지 않았으나, 기근은 계속되어 식량을 구해야 했고, 애굽의 감옥에 투옥되어 있는 시므온도 데려와야 했으며, 아들들이 베냐민을 데려가지 않으면 정탐꾼으로 몰려 죽게 될 상황이었다. 결국 베냐민을 포함하여 형제들은 식량을 구하기 위해 애굽으로 다시 내려간다.

그런데 여기서부터 흥미로운 내용이 전개된다. 야곱은 그들에게 예물을 준비하여 갈 수 있도록 조언하는 데, 그 물품이 '유향 조금과 꿀 조금과 향품과 몰약과 유향나무 열매와 감복숭아' 등이다(창 43:11). 이십여 년 전 요셉이 형들에 의해 미디안 사람들에게 팔렸을 때, 그들이 애굽으로 가져가고 있던 물품이 바로 '향품과 유향과 몰약'이었다. 오래전에는 그 물품들을 실은 낙타와 노예로 팔린 요셉이 애굽으로 내려갔었는데, 지금은 요셉의 형제들이 베냐민을 데리고 요셉에게 줄 '향품과 유향과 몰약'을 낙타에 실어 애굽으로 향하는 것이다. 애굽으로 향하는 동일한 길에 막내 베냐민을 데려가면서 형들은 무슨 생각을 하고 있었을까? 오래전 요셉 사건을 떠올리지 않았을까?

형들이 애굽에 도착하자 요셉은 그들을 위해 잔치를 배설한다. 요셉은 잔치에서 형들과 베냐민을 맞이한다. 아직까지 그들에게 자신의 정체를 밝히지 않던 요셉은 베냐민을 보고 마음이 복받쳐 급히

나가 한참을 울다가 다시 들어와 잔치에 참여한다. 흥미로운 점은 요셉이 베냐민에게 다른 형제들보다 다섯 배나 되는 음식을 주었음에도 불구하고 형제들이 질투하거나 시기하지 않았다는 점이다. 예전에 요셉이 야곱의 사랑을 독차지 했을 때는(창 37:1-4) 시기와 질투로 요셉을 죽이려고 했다가 노예로 팔았었는데, 지금은 야곱의 특별한 사랑을 받고 있는 베냐민에게 일종의 특혜가 주어지고 있음에도 어떤 질투나 시기를 드러내지 않는다. 세월의 흐름에 따라 그들의 성정도 조금 변했던 것일까?

잔치가 끝났다. 그리고 요셉은 그들에게 양식을 주어 가나안 땅 야곱에게로 보내는데, 그때 그는 다시 한 번 음모를 꾸민다. 베냐민의 양식 자루에 본인의 은잔을 은밀히 넣어 두었다가 가나안으로 향하는 길 위에서 요셉의 청지기가 형제들이 요셉의 은잔을 훔쳤다며 몰아붙인 것이다. 이것은 요셉의 계획이었다. 형제들은 절대 그러지 않았다며, 만일 그런 일이 있다면 누구든지 죽을 것이고 나머지는 요셉의 종이 될 것이라고 항변한다. 결국 베냐민의 자루에서 은잔이 나오게 되고, 그들은 애굽의 요셉에게로 다시 되돌아간다.

요셉은 베냐민만 자신의 종으로 삼고 나머지를 가나안으로 돌려보내려고 하는 데, 이때 형들에게서 이전과는 전혀 다른 모습이 발견된다. 베냐민만 남고 나머지는 돌아가라고 말하자, 유다가 앞으로 나와 베냐민이 아버지 야곱에게 돌아가지 않게 되면 큰일이 난다

5장 _ 성경적 용서의 출발: 성경은 용서를 어떻게 하라고 가르치나요?

면서 그간 있었던 일들을 소상히 설명한다. 야곱은 예전에 요셉을
잃은 것으로 괴로워하고 있는데, 만일 베냐민까지 잃게 되면 병들어
죽고 말 것이라는 것이다. 그러면서 자신이 대신 종이 될 테니 베냐
민은 돌려보내 달라고 간청한다.

> 이제 주의 종으로 그 아이를 대신하여 머물러 있어 내 주의 종
>
> 이 되게 하시고 그 아이는 그의 형제들과 함께 올려 보내소서
>
> 그 아이가 나와 함께 가지 아니하면 내가 어찌 내 아버지에게
>
> 로 올라갈 수 있으리이까? 두렵건대 재해가 내 아버지에게 미
>
> 침을 보리이다(창 44:33-34).

더 이상 오래전 요셉을 질투하여 죽이려 했던 형들의 모습이 아
니다. 아버지를 위했든, 베냐민을 위했든, 예전의 형들의 모습과는
다르다. 그런 모습을 보던 요셉의 마음속에는 어떤 생각이 떠올랐을
까? '형들이 많이 변했구나', '예전에는 나를 죽이려 했던 잔인한 사
람들이었는데, 지금은 아버지를 위해서, 동생을 위해서 자신이 대
신 종이 되겠다고 하는구나'라면서 감동을 받지 않았을까?

사람은 말(言)로 자신의 뉘우침을 표현할 수도 있고, 행동으로 보
일 수도 있다. 언어적인 요소(말)가 더 선명하지만, 비언어적인 요소
(행동)라고 해서 선명하지 않은 것도 아니다. 요셉의 형들은 변했다.

형들의 모습은 '우리는 예전의 우리가 아니'라고 항변하는 듯하다. 이러한 모습은 요셉이 형들을 용서하게 되는 일부 원인이 되었을 것이다. 만일 형들이 22년 전의 모습처럼 여전히 공격적이고 사람을 죽이기까지 하는 잔인성과 포악성을 보였다면, 요셉의 반응은 분명 달랐을 것이다.

창세기 50장 15-21절에 나타난 형들의 고백

형들의 변화된 모습을 본 요셉은 그동안 억눌러 왔던 감정을 주체하지 못하고 눈물을 흘리면서 결국 자신의 정체를 밝히고 만다: "나는 요셉이라. 내 아버지께서 아직 살아계시니이까?…내게로 가까이 오소서…나는 당신들의 아우 요셉이니 당신들이 애굽에 판 자라"(창 45:1-5). 요셉은 이 순간을 얼마나 기다렸을까. 양식을 구하러 애굽에 처음 내려왔을 때부터 자신의 정체를 밝히고 부둥켜안고 묵은 감정을 풀고 싶었을 것이다. 어쨌든 요셉은 지금이 적당하다고 판단했던 것으로 보인다. 이런 요셉의 말에 형들은 기겁한다(창 45:3). 그들의 놀람은 당연하다. 22년 전 질투에 못 이겨 죽이려고 했다가 애굽의 노예로 팔았던 요셉이 애굽의 총리가 되어 있다니!

요셉은 겁에 질린 형들을 안심시킨다. 놀라운 지점은 요셉이 22년 전 자신을 노예로 팔았던 사건을 단지 '용서' 차원이 아니라 '하나님의 섭리' 차원에서 해석하고 있다는 점이다(창 50:19-20절 참조).

당신들이 나를 이곳에 팔았다고 해서 근심하지 마소서 한탄하지 마소서 하나님이 생명을 구원하시려고 나를 당신들보다 먼저 보내셨나이다…. 하나님이 큰 구원으로 당신들의 생명을 보존하고 당신들의 후손을 세상에 두시려고 나를 당신들보다 먼저 보내셨나니 그런즉 나를 이리로 보낸 이는 당신들이 아니요 하나님이시라 하나님이 나를 바로에게 아버지로 삼으시고 그 온 집의 주로 삼으시며 애굽 온 땅의 통치자로 삼으셨나이다(창 45:5-8).

피해자인 요셉은 형들이 가했던 살인미수와 인신매매를 단지 용서할 것이냐 말 것이냐의 문제로 접근하지 않고, 그보다 훨씬 더 고차원적으로 해석하고 있다. 즉, 야곱과 열두 아들들이 요셉을 통해 기근이라는 위기에서 구원받을 뿐만 아니라 하나님의 언약 백성인 이스라엘을 구성하게 될 것이라는 차원에서 해석하고 있는 것이다. 물론 이 본문이 우리가 미처 볼 수 없는 하나님의 섭리가 존재하니 피해자가 가해자를 무조건적으로 용서해야 한다는 것을 말하려는 것은 아니다. 만일 이 본문을 그렇게 읽게 되면, 인간사의 모든 세세한 일들을 '하나님의 섭리' 안에 함몰시키는 우를 범하고 말 것이다. 여하튼 요셉은 자신의 정체를 밝혔고 형들을 안심시켰으며, 가나안 땅에 있던 아버지를 모셔 오게 하여 고센 지역에 살게 한다. 그리고 세월이 흘러 야곱은 하나님의 품에 안기게 되었고 가나안 땅 마므레 앞 막벨라 밭 굴에 매장된다(창 46-50:14).

야곱의 죽음은 요셉의 형들에게 긴장을 유발시킨다. 이 긴장은 형들이 아버지 야곱이 죽었으니 이제는 요셉이 자신들에게 복수할 것이라고 생각한 것에서 알 수 있다: "요셉이 혹시 우리를 미워하여 우리가 그에게 행한 모든 악을 다 갚지나 아니할까"(창 50:15). 이 구절은 독자들에게 두 가지를 알려준다.

하나는 형들이 예전에 요셉에게 가했던 것이 '악'('그에게 행한 모든 악')이었다는 점을 분명하게 인식하고 있다는 것이다. 그들이 양식을 구하기 위해 애굽에 처음으로 내려갔을 때 시므온이 홀로 감옥에 갇히게 되었을 때도 요셉을 애굽에 팔았던 일을 죄로 인식하지 못했었는데(창 42:21-22), 세월이 흘러 야곱이 죽은 이 시점에도 그것을 죄로 인식하고 있다는 것이다. 다른 하나는 요셉이 비록 자신들에게 선대하여 지금껏 살았지만, 형들은 그러한 선대가 아버지 야곱이 살아 계셨기 때문이라고 생각했다는 점이다.

그들은 이 상황을 매우 심각하고 위급한 것으로 판단한다. 50장 17절에 따르면, 그들은 야곱이 죽기 직전에 했던 일종의 유언을 요셉에게 전달한다. 유언의 핵심은 요셉에게 형들의 죄악을 용서하라는 것이었다: '네 형들이 네게 악을 행하였을지라도 이제 바라건대 그들의 허물과 죄를 용서하라.' 야곱은 요셉의 형들이 오래전 요섭에게 했던 살인미수와 인신매매 죄악을 어떻게 알았을까? 그 옛날 야곱은 요셉의 형들이 가져온 요셉의 피 묻고 찢긴 옷을 보고 동물에 먹혔다고 생각했었다(창 37:25-35). 그것이 전부였다. 창세기 어디서도 야곱이 요셉에게 가했던 형들의 죄악을 이미 인지하고 있었다는 점을 말하지 않는다. 아마도 다급해진 형들이 야곱의 유언 내용을 조작했을 수도 있고, 창세기 자체가 언급하지는 않고 있더라도 야곱은 그 사건의 실체를 알고 있었고 죽기 직전에 실제로 요셉에게 유언으로 남겼을 수도 있다. 어쨌든 핵심은 그들이 야곱의 유언이라며 전달했던 메시지는 '용서'에 관한 것이었다. 또한 형들도 직접 요셉에게 용서를 빈다: "당신 아버지의 하나님의 종들인 우리 죄를 이제 용서하소서"(창 50:17). 그들이 윤리적, 도덕적으로 온전하고 깨끗한 천사가 되었다는 것은 아니지만 요셉을 다시 만난 이후 예전에 행했던 죄를 죄로 인식하는 모습을 보였고, 마침내 그들은 자신의 입을 열어 용서를 구하고 있는 것이다. 지금껏 그들이 요셉에게 보인 모습은 완전하지는 않더라도 예전과는 다른 변화된 모습이었다. 그런데 지금은 입을 열어 용서를 빌고 있다: "우리 죄를 이제 용서하소서."

요셉은 그런 형들의 말을 전해 듣고 흐느끼며 운다. 그는 왜 우는 것일까? 형들의 입을 통해 아버지 야곱의 목소리를 들어서 였을까? 아니면 오래전 형들이 자신에게 했던 못된 짓들이 주마등처럼 떠올라서 였을까? 혹은 본인이 복수를 하지나 않을까 두려워하면서 쩔쩔매고 있는 형들의 모습이 안쓰럽고 측은했기 때문일까? 아마도 요셉의 마음은 여러 가지로 복잡했을 것이다.

형들은 이번에는 요셉에게 직접 와서 무릎을 꿇고 엎드려 "우리는 당신의 종들이니이다"라고까지 말한다(창 50:18). 요셉의 이야기는 창세기 37장에서 시작해서 50장까지 전개되는데, 마지막 장에 전개된 이 모습은 창세기 37장에 전개된 요셉의 꿈에 대한 성취로 해석된다(창 37:7, 9; 42:6; 43:26, 28). 여기서 우리는 창세기 저자가 예언과 성취라는 틀 속에서 요셉의 이야기를 이끌고 있는 것을 볼 수 있다. 요셉에게 꿈이 주어진 후 얼마나 긴 세월이 흘렀는가. 참으로 긴 세월이 흘렀지만, 하나님의 목적과 계획은 한 치의 오차도 없이 '섭리'라는 과정을 통해 성취되고 있다. 요셉도 이러한 시각에 적극적으로 동의한다. 용서를 구하고 있는 형들에게 '하나님의 섭리'라는 보다 큰 시각을 공유하면서 용서를 제공한다:

> 요셉이 그들에게 이르되 두려워하지 마소서 내가 하나님을 대신하리이까? 당신들은 나를 해하려 하였으나 하나님은 그것을 선으로 바꾸사 오늘과 같이 많은 백성의 생명을 구원하게 하시려 하셨나니 당신들은 두려워하지 마소서 내가 당신들과 당신들의 자녀를 기르리이다 하고 그들을 간곡한 말로

위로하였더라(창 50:19-21).

요셉은 형들을 용서했다. "용서하고 말고요" 혹은 "제가 형들의 죄를 용서하겠습니다"라고 말하지 않았지만, 50장 19-21절에서는 요셉이 그들의 죄를 용서하고도 남았다는 것을 보여준다. 이것으로 요셉의 용서는 충분하지 않을까? 여기서 처음에 던졌던 질문을 다시 해보자. 독자들은 요셉이 형들의 죄를 무조건적으로 용서했다고 보는가? 아니면 조건적으로 용서했다고 보는가? 요셉은 완벽하지는 않더라도 형들의 변화된 모습과 '우리 죄를 이제 용서하소서'라는 사죄를 조건으로 용서했다고 보지 않는가? 달리 표현하자면, 만일 형들이 예전과 동일하게 자신의 목적과 유익을 쫓고 있었다면, 만일 형들이 동생 요셉에게 했던 죄악을 여전히 죄악으로 생각하지 않고 있다면, 만일 형들이 변화되지 않았다면, 만일 형들이 자신의 죄를 인정하지 않았다면, 그래도 요셉은 형들을 용서했을까? 나는 요셉이 그들을 용서하지 않았을 것이라고 본다.

결론적으로, 하나님은 죄인을 아무런 절차 없이 용서하거나 사면하지 않는다. 무조건적으로 용서하지 않는다. 죄의 경중을 떠나 죄를 해결할 어떤 절차를 거친 후에야 용서함이 주어지는 것이다.

신약성경에 나타난 용서

신약성경은 용서를 어떻게 하라고 가르치고 있을까? 구약성경에 나타난 용서를 모델로 삼아서 실천에 옮길 수 있는 원칙을 제공하고 있을까? 위에서 살펴보았던 구약성경의 용서 원리가 신약성경에서도 동일하게 제시되고 있을까? 나는 구약성경과 마찬가지로 신약성경도 조건적인 용서를 가르치고 있다고 본다. 이러한 주장을 뒷받침하기 위해서 중요한 본문을 몇 군데 살펴볼 것이다.

회개하라!

용서와 관련된 신약성경의 중요 본문들을 본격적으로 살펴보기에 앞서서 복음서 도입 부분에 등장하는 세례 요한과 예수님의 회개 선포와 신약성경의 마지막 책인 요한계시록에 등장하는 계시의 말씀에 귀를 기울여 보자. 기독교인들은 이미 잘 알고 있듯이 신약성경은 예수님의 공생애 사역과 말씀, 그리고 그 의미, 즉 예수님을 통한 영생의 길을 제시한다. 흥미로운 것은 신약성경의 도입 부분에서 발견되는 핵심 메시지 가운데 하나가 바로 '회개하라'는 메시지라는 점이다. 복음서를 보면 세례 요한의 '회개하라'는 메시지가 먼저 나오고(마 3:1-12; 막 1:1-8; 눅 3:7-14), 그가 옥에 갇히게 되었다는 소식을 접한 후 선포된 예수님의 회개 메시지가 등장한다(마 4:17; 막 1:14-15).

회개와 하나님의 나라, 그리고 심판

마태복음에 있는 예수님의 선포는 "회개하라! 천국이 가까이 왔느니라"이고, 마가복음에 있는 예수님의 선포는 "때가 찼고 하나님의 나라가 가까이 왔으니 회개하고 복음을 믿으라"이다. 표현과 어순에서 약간의 차이는 있지만, '회개'와 '천국'이 서로 밀접한 관계에 있다는 것은 분명해 보인다. 여기서 '천국' 혹은 '하나님의 나라'는 하나님의 통치, 좀 더 구체적으로는 하나님의 통치 영역을 가리킨다. 즉 하나님의 나라가 임했다는 것은 그리스도 예수의 사역을 통해 하나님의 나라가 이 세상에 침투하여 구현되기 시작했다는 것을 뜻한다. '회개'는 변화를 가리키는 표현이다. 단순히 지적인 마음의 변화, 혹은 뉘우침에 근거한 마음의 변화가 아니라 마음과 행동에 있어서 급진적이면서도 전인격적인 변화를 뜻한다. 다시 말해 회개에 합당한 결실을 맺는 근본적인 변화를 가리킨다(Carson, p. 128). 하나님을 향한 온전하면서도 전인격적인 방향 전환을 말하는 것이다. 주목하게 되는 것은 이런 회개와 하나님의 나라가 각각 독립적으로 존재하는 것이 아니라 둘 사이에 밀접한 인과관계가 존재한다는 점이다. 즉 하나님의 나라가 가까이 왔기 때문에 회개해야 한다는 것이다. 그리스도를 통한 하나님의 통치 영역의 침투는 회개한 자들만의 영역이 될 것이기 때문이다.

세례 요한은 그 둘의 밀접한 관계의 성립에 있어 혈통이나 사회적 지위가 아니라 '회개'가 결정적인 역할을 한다고 선포한다. 달리 표현하자면, 회개가 하나님 나라의 문을 여는 데 결정적 열쇠임을 외친 것이다: "…독사의 자식들아! 누가 너희를 가르쳐 임박한 진노를 피하라 하더냐? 그러므로 회개에 합당한 열매를 맺고 속으로 아브라함이 우리 조상이라고 생각하지 말라! 내가 너희에게 이르노니 하나님이 능히 이 돌들로도 아브라함의 자손이 되게 하시리라"(마 3:7-9). 이 말씀은 아브라함의 자손이라는 혈통적 관계가 중요한 것이 아님을 분명하게 선포한 것이다(참조. 요 1:13). 세례 요한은 다른 곳에서 "이미 도끼가 나무 뿌리에 놓였으니 좋은 열매 맺지 아니하는 나무마다 찍혀 불에 던져지리라"고 선포한다(눅 3:9). 사도 바울은 같은 맥락에서 이렇게 말한다:

> 불의한 자가 하나님의 나라를 유업으로 받지 못할 줄을 알지 못하느냐 미혹을 받지 말라 음행하는 자나 우상 숭배하는 자나 간음하는 자나 탐색하는 자나 남색하는 자나 도적이나 탐욕을 부리는 자나 술 취하는 자나 모욕하는 자나 속여 빼앗는 자들은 하나님의 나라를 유업으로 받지 못하리라 너희 중에

이와 같은 자들이 있더니 주 예수 그리스도의 이름과 우리 하

나님의 성령 안에서 씻음과 거룩함과 의롭다 하심을 받았느

니라(고전 6:9-11).

여기서 우리가 내릴 수 있는 결론은 분명하다. 열매 맺는 참된 회

개와 하나님 나라가 매우 밀접한 관계를 맺고 있다는 것이다. '회개

한 죄인들'만이 하나님의 나라를 유업으로 받을 수 있는 것이지 '회

개하지 않은 죄인들'이 하나님의 나라를 유업으로 받을 수 있는 것

은 아니라는 것이다.

신약성경의 마지막 책인 요한계시록에서는 '회개하라'는 메시지

와 심판 메시지가 서로 맞물려 함께 등장한다(계 2:5, 16; 21-22; 3:3, 19;

16:8-9). 요한계시록 2장 5절에서 사도 요한은 "그러므로 어디서 떨

어졌는지를 생각하고 회개하여 처음 행위를 가지라. 만일 그리하지

아니하고 회개하지 아니하면 내가 네게 가서 네 촛대를 그 자리에

서 옮기리라"고 말한다. 예수님이 사도 요한을 통해서 에베소교회

에 주신 계시의 말씀이다. 즉 이미 기독교인들이 된 자들에게 주신

말씀이다. 전후 문맥을 고려할 때, 경고의 내용은 잃어버린 '처음 사

랑'을 회복하지 않으면(즉, 회개하지 않으면), 심판을 하시겠다는 것을

의미한다('내가 네게 가서 네 촛대를 그 자리에게서 옮기리라'). 여기서 '촛대'

가 무엇인가에 대한 논의는 많지만, 분명한 것은 구원받은 교회로서

의 신분을 의미하는 것으로 보인다. 즉 회개하지 않으면 주님의 심판에서 예외가 되지 않을 것이다. 회개는 주님의 심판을 돌이킬 수 있는 열쇠로 제시된다.

주님과의 관계 회복은 회개의 길밖에 없으며, 임박한 심판의 위기에서 벗어날 수 있는 길 또한 회개의 길밖에 없다. 회개는 화해라는 정원에 들어서는 입구와도 같다. 그 정원에 각양각색의 꽃들이 제아무리 많고 신비로운 향기와 진귀한 나비들이 가득해도 그 입구 안으로 들어서지 않으면 그 모든 것들을 즐길 수 없다. 예수 그리스도의 사역을 통해 이 땅 위에 천국, 혹은 하나님의 나라가 침투하기 시작했어도 회개를 통하지 않으면 하나님 나라의 복을 누릴 수 없다. 또한 하나님의 진노를 멈추게도 하고, 하나님이 계획했던 심판의 향방을 재설정하게 하는 것도 회개이다. 하나님을 향한 전인격적인 돌아섬, 그것이 진노의 홍수를 단비로 바꿀 수 있는 유일한 통로인 것이다.

탕자의 비유, 아버지의 무조건적인 용서?

〈돌아온 탕자〉(The Return of the Prodigal Son)라고 불리는 미술작품이 있다. 17세기 네덜란드 화가 렘브란트 하르먼손 판 레인(Rembrandt Harmenszoon van Rijn: 1606-1669)이 죽기 직전에 그린 유화 작품이다.

현재는 상트 페테르부르크(St. Petersburg)의 허미티지 박물관(Hemitage museum)에 소장되어 있다. 잘 알려져 있듯이 이 작품은 누가복음 15장 11-32절의 내용을 옮겨 놓은 것이기도 하지만, 작가 자신의 인생이 투영되어 있기도 한 작품이다. 30대에 명성을 얻기 시작한 렘브란트는 레이와르덴(Leeuwarden) 시장의 딸이자 변호사였던 사스키아(Saskia)와 결혼하면서 그의 화가로서의 인생은 탄탄대로를 걷는다. 문하생들을 거둘 수 있었고, 큰 저택을 구입하여 넓은 공간에서 화려한 삶을 영위할 수 있게 된다. 하지만 그의 삶에 슬픔과 고통이 없었던 것은 아니다. 아들(Rumbartus)이 태어난 지 2달 만에 죽고, 딸(Cornelia)은 3주 만에 죽는다. 심지어 이어서 태어난 딸마저 한 달도 채 못 되어 죽고, 사스키아는 결혼한 지 8년 만인 1642년에 사망하고 만다. 이후 렘브란트는 경제적인 한계에도 불구하고 예술품과 진귀품 등을 구비하는 데 돈을 흥청망청 소비하게 되고 그의 명성에도 상처가 생기기 시작한다. 이런 삶의 부침을 경험한 그는 말년에 이르러 기독교 신앙을 회복하고 이 작품을 그리기 시작했다. 마치 소위 탕자의 비유에 등장하는 둘째 아들의 모습과 같다. 분명 자신과 탕자를 동일시했던 것으로 보인다.

262cm×205cm의 화폭에 담긴 〈돌아온 탕자〉는 누가복음 15장 11-32절을 실로 잘 담아 놓았다. 화폭 왼쪽 하단에 한 노인의 가슴에 젊은이가 안겨 있다. 노인(아버지)은 부(富)를 상징하는 빨간 가운

을 걸치고 있고, 살짝 꾸부정한 자세로 아래를 내려다보며 두 손으로 돌아온 젊은이(아들)를 감싸고 있다. 왼쪽 눈으로는 아들을 보고, 오른쪽 눈은 생각에 잠겨 있는 듯 멍한 모습이다. 왼손은 굵고 투박하며 큰 남성의 손으로 그려져 있고, 오른손은 얇고 부드러우며 가냘픈 여성의 손으로 그려져 있다. 아버지와 어머니 모두를 아우르는 하나님의 위로와 자비를 상징하는 것으로 보인다. 아들은 아버지의 얼굴을 차마 쳐다보지도 못하고 그의 가슴에 자신의 얼굴을 깊이깊이 파묻고 있다. 자신의 잘못과 어리석음에 대한 뉘우침을 상징하는 것으로 보인다. 그림에는 아들의 눈물이 제대로 보이지 않지만, 분명 아버지의 옷은 흥건히 젖었을 것이다. 아들이 입은 옷의 남루함은 이루 다 말할 수 없다. 무릎을 꿇은 채 아버지의 가슴에 얼굴을 파묻은 그의 왼발에는 닳고 닳은 신발이 벗겨져 있고, 오른발에는 신발이 간신히 신겨져 있지만 심하게 닳은 것은 매한가지다. 옷은 여러 천으로 이어 붙였는지 누더기가 되었고, 노끈을 허리띠 삼아 동여맸으며, 머리는 엉성하게 면도된 상태이고, 수척해진 얼굴은 그가 겪었던 혹독한 삶이 어떠했을지를 가늠하기에 충분하다. 렘브란트는 빛의 명암을 극대화시켜 자신의 메시지를 전달한다. 화폭 전체는 대체로 어둡지만, 아버지와 아들에게는 마치 밝은 조명을 비춘 듯이 밝게 그려져 있다. 이에 감상자들은 아버지와 아들에게 초점을 맞추지 않을 수 없다.

이 작품에는 밝게 채색된 부분이 한 군데 더 있다. 물론 아버지와 둘째 아들이 있는 왼쪽 하단 부분보다는 어둡지만, 전체적으로 볼 때 두 번째로 밝은 부분이라 할 수 있다. 그곳은 오른쪽 끝에 우두커니 서 있는 큰아들의 얼굴 부분이다. 아버지처럼 부를 상징하는 빨간 가운을 걸치고 있고, 냉담한 얼굴로 두 사람의 해후를 지켜본다. '탕자의 비유'를 그리고 있는 다른 그림, 예를 들면, 바르톨로메 에스테반 무리요(Bartolomē Esteban Murillo, 1617–1682)의 〈돌아온 탕자〉('The Return of the Prodigal Son')에는 첫째 아들이 등장하지 않는다. 렘브란트가 30년 전(1636년)에 그렸던 그림('The Prodigal Son')에도 첫째 아들은 등장하지 않는다. 세월이 흐른 뒤 렘브란트는 〈돌아온 탕자〉를 다시 그리면서 첫째 아들을 넣고 그곳에 밝은 조명을 살짝 집어넣었다. 아마도 렘브란트는 누가복음 15장 11–32절을 읽으면서 그 세 사람(아버지, 둘째 아들, 첫째 아들) 모두가 그 비유의 주인공이라는 점을 밝히고 싶었던 것으로 보인다. 즉, 적어도 렘브란트에게 누가복음 15장 11–32절의 제목은 소위 '잃어버린 아들의 비유'가 아니라 '잃어버린 두 아들의 비유'였던 것으로 보인다.

자, 이제는 렘브란트의 그림에 영감을 불어넣었던 누가복음 15장 11–32절 본문 자체를 살펴보면서 둘째 아들이 어떻게 아버지의 용서를 받을 수 있었는지를 살펴보자. 이 본문은 많은 사람들이 알고 있는 비유이기 때문에 간략하게 요약하는 것으로도 충분할 것이다. 한 아버지에게 두 아들이 있었는데, 둘째 아들이 자기에게 돌아올 분깃(유산)을 미리 요구하여 집을 떠나 먼 곳으로 떠난다. 얼마 되지 않아 그는 그 돈을 허랑방탕하게 낭비하여 거지가 되고 돼지 치는 일을 하며 생명을 연명하게 되는데, 삶이 혹독한 그때 아버지에게 돌아가야겠다는 결심을 하고 길을 떠난다. 아버지는 둘째 아들이 돌아오기를 오매불망 기다렸는지 아들이 오는 것을 보고 달려가 목을 안고 입을 맞추었다. 그리고 종들에게 잔치를 베풀게 하고, 잃었던 아들을 되찾은 것에 기뻐 뛰며 즐거워한다. 그때 첫째 아들이 일을 마치고 들어와서 진행되는 상황을 파악하더니 "아버지와 함께 있으면서 일했던 자신에게는 어떤 것도 베풀어주지 않았으면서 돈을 허랑방탕하게 쓰고 돌아온 둘째에게는 왜 그렇게 호의를 베푸시냐?"라며 아버지에게 억울함을 토로한다. 아버지는 그런 그를 향해 "너는 항상 나와 함께 있으니 내 것이 다 네 것이 아니냐"라고 하면서 이 비유는 갈무리된다.

탕자의 잘못

이 비유에는 신학적으로 논의해 볼 내용이 적지 않다. 예를 들면 다음과 같다. 먼저 이 비유의 핵심 메시지가 용서와 직접적으로 관련된 것이냐의 여부에 관한 것이 있을 수 있다. 그리고 탕자는 둘째 아들뿐만 아니라 첫째 아들도 탕자로서 포함되어야 하는가도 논의의 대상이 될 수 있다. 그밖에 이 비유의 주인공은 두 아들이 아니라 아버지라든지 등의 흥미로운 내용이 적지 않다. 하지만 나는 용서와 관련된 부분에 대해서만 들여다보려고 한다. 따라서 첫째 아들에 관한 내용(눅 15:25-32)은 잠시 옆으로 제쳐 놓을 것이다.

첫 번째 질문은 둘째 아들이 아버지께 용서를 받아야 할 만한 죄를 지었느냐는 것이다. 본 저서의 표현을 빌리자면, 둘째 아들은 아버지께 사죄할 것이 있는 가해자이고, 아버지는 부당한 것을 당한 피해자인가? 이 질문에 대한 답을 생각해 보자. 두 가지 정도를 제시해 볼 수 있을 것이다. 하나는 둘째 아들이 아버지가 아직 생존해 있음에도 불구하고 자신에게 돌아올 유산의 몫을 미리 달라고 요구한 것과 관계가 있다: "아버지여 재산 중에서 내게 돌아올 분깃을 내게 주소서"(눅 15:12). 유산은 보통 이 집처럼 아들이 둘 있을 경우, 첫째 아들에게 2/3가 돌아가고, 둘째에게는 1/3이 주어졌다(신 21:17). 그렇다면 둘째 아들은 아버지 재산 중 자신에게 돌아올 1/3에 해당되는 유산을 요구한 것이다. 오늘날도 일반적으로 그러하듯 고대 사회에서도 아버지의 재산은 그가 죽은 다음에야 비로소 아들들에게 상속되었다. 물론 아버지가 죽기 전에 상속되는 경우가 전혀 없었던 것은 아니었다. 창세기 25장 5-6절에는 아브라함이 자신의 모든 재산을 자기가 죽기 전에 이삭과 서자들에게 나눠주었다고 기록되어 있다. 그러나 이렇게 아버지가 살아 계심에도 불구하고 유산이 상속

되는 경우는 특별한 목적, 예를 들어서 창세기 25장의 경우에서처럼 먼 곳으로 이주하여 살아야 되는 경우에 한해서 적용됐던 것으로 보인다. 집회서나 토비트서를 보면 그런 관습이 전무했던 것은 아니었다. 그런 경우는 결혼을 한다거나, 혹은 특별한 목적을 위해 먼 곳으로 이주해야 한다거나 하는 경우에 한해서였다(John Nolland, p. 782). 이처럼 특별한 경우들을 제외하고 고대 사회에서 살아 계신 부모님에게 앞으로 자기에 돌아올 유산의 몫을 미리 달라고 요청하는 것은 일반적으로 생각할 수 없는 행동이며 배은망덕이나 불효로 간주되었다. 그런 요청은 아버지의 죽음을 전제하고 있기 때문이다(Bailey, p. 112-114). 따라서 둘째 아들의 요청은 분명 아버지에게 큰 상처를 준 행동이었다.

둘째 아들이 저지른 다른 잘못 하나는 자신에게 주어진 몫을 허랑방탕하게 낭비한 것이다: "둘째 아들이 재물을 다 모아 가지고 먼 나라에 가 거기서 허랑방탕하여 그 재산을 낭비하더니"(눅 15:13). 여기서 둘째 아들이 '재물을 다 모아 가지고 갔다'는 것은 단지 자신의 개인 물건만을 가져갔다는 것을 의미하지 않는다. 그는 자신의 몫으로 주어진 재산(땅)을 팔아 현금화시킨 다음, 그것과 개인 물건들을 함께 가져갔던 것으로 보인다. 그런데 그것은 그 시대의 관습을 따르지 않은 것이다. 당시에는 혹 유산이 아들들에게 미리 상속되었더라도 아버지가 살아 있는 동안에는 그 상속 재산을 상속받은 아들들이 마음대로 처분할 수 없었다. 상속 재산(땅이나 가축)의 명의는 여전히 아버지에게 있었고, 그 땅에서 나오는 이득은 아버지에게 돌아갔다(Duncan & Derrett, pp. 56-74). 즉, 둘째 아들은 엄밀한 의미에서 아버지에게 재정상의 손해를 끼친 것이기도 했다. 또한 둘째 아들은 그 재산을 허랑방탕하게 낭비하고 탕진하여 아버지를 욕되게 하였다(잠 28:7). 이런 이유들로 인해 둘째 아들은 탕자(prodigal son)라고 불리는 것이다. 다시 말하지만, 둘째 아들은 아버지에게 잘못하였고 상처를 주었다. 즉, 아버지에게 사죄할 것이 있는 가해자이다.

탕자의 회개

둘째 아들은 아버지에게서 물려받은 유산(재산)을 모두 탕진하고 말았고, 때마침 임했던 기근으로 인해 비참한 삶의 나락으로 떨어졌다. 이 비유는 그가 돼지 치는 일을 하게 되었고, 너무 허기진 나머지 돼지가 먹는 쥐엄 열매라도 먹고자 했으나 주는 자가 없었다고 기록한다(눅 15:14-16). 이때 그에게서 회개가 진행된다. 처음에는 생각 차원에서, 그 다음에는 행동 차원에서 회개가 진행되는 것을 확인할 수 있다.

그는 한동안 지속되었을 것으로 보이는 비참한 삶의 현장 덕분에 자신이 저지른 죄와 잘못을 깨닫게 된다:

이에 스스로 돌이켜 이르되 내 아버지에게는 양식이 풍족한 품꾼이 얼마나 많은가? 나는 여기서 주려 죽는구나 내가 일어나 아버지께 가서 이르기를 아버지 내가 하늘과 아버지께 죄를 지었사오니(눅 15:17-18).

그는 자신이 집을 나오기 전 아버지 집에 있었을 때 누렸던 아버지의 경제적 풍요로움('내 아버지에게는 양식이 풍족한 품꾼이 얼마나 많은가?')과 현재 자신이 처한 극빈의 상태('나는 여기서 주려 죽는구나')를 대조한다. 한글 번역에는 생략되어 있지만, 두 상황 사이에는 '그러나'(δὲ)가 있다. 즉, 두 상황이 '그러나'에 의해 선명하게 대조되고 있는 것이다. 이 대조적인 상황 덕분에 그는 자신의 비참한 실존을 들여다볼 수 있었고, 그 결과 그는 돌이켰다. '스스로 돌이켜'라는 표현은 의심의 여지없이 회개를 의미한다. 자신의 어리석은 잘못을 인정한 것이다. 자신이 저질렀던 잘못에서 돌아서는 것이다. 회개가 언어적인 방식으로 묘사되든 비언어적인 방식으로 표현되든, 방식은 이차적인 문제다. 무엇보다 중요한 것은 그가 자신의 잘못을 인식하고 인정했다는 지점이다. 그가 아버지에게 돌아가서 말하고자 하는 것도 바로 '내가 하늘과 아버지께 죄를 지었다'는 것이다(눅 15:18, 21). 배고픔 때문에 한 말이라서 순수하지 못하고 따라서 참된 회개로 보기는 힘들지 않겠냐고 생각하는 이들도 있지만, 그가 처한

175

5장 _ 성경적 용서의 출발: 성경은 용서를 어떻게 하라고 가르치나요?

상황 때문에 그의 회개를 불순하다고 단언하는 것 또한 적절해 보이지 않는다. 고난이든 심판이든, 혹독한 시련이든, 그런 것들은 종종 우리가 미처 보지 못했던 자신의 허물과 죄를 들여다볼 수 있게 해주는 영적인 창문 역할을 한다. 이 사유의 과정을 통해 그는 돌이켰던 것이다.

위에서 짧게 살펴본 것처럼 누가복음 15장 7-19절은 둘째 아들이 어떻게 돌이키게 되었는가에 대한 사유 과정을 기록하고 있다. 그러나 20절 상반절은 그가 생각했던 회개를 몸으로 실천하였음을 보여준다: "이에 일어나서 아버지께로 돌아가니라". 그가 만일 머릿속으로만 하늘과 아버지께 죄를 지었다고 생각하고 움직이지 않았다면(즉, 생각으로만 회개하였다면), 그는 돼지우리에서 계속 살아야 하는 비참한 삶을 견뎌야 했을 것이다. 그러나 그는 생각하고 무릎을 일으켜 세워 아버지께로 돌아갔다. 이 움직임은 제3자가 확연히 볼 수 있는 행위이다. 가해자가 자신이 누군가에게 가했던 잘못을 속으로만 잘못했다고 인정하는 것만으로는 불충분하다. 밖으로 드러나야 한다. 그것이 "미안하다", "내가 잘못했다", "내가 사과할게" 등의 언어적인 요소든지, 피해자 앞에 무릎을 꿇는 비언어적인 요소든지, 가해자는 피해자에게 자신의 잘못에 대한 인정과 미안한 마음을 피해자가 느낄 수 있도록 밖으로 표출해야 한다. 둘째 아들의 그런 외적인 요소 덕분에 아버지는 그를 볼 수 있었다: '아직도 거리가 먼

데 아버지가 그를 보고'(눅 15:20b). 그리고 둘째 아들은 실제로 아버지에게 "아버지 내가 하늘과 아버지께 죄를 지었사오니 지금부터는 아버지의 아들이라 일컬음을 감당하지 못하겠나이다"(21절)라고 고백한다.

아버지의 용서와 조건적인 특성

이 비유가 시작될 때 아버지는 단지 '어떤 사람'으로 소개된다: "어떤 사람에게 두 아들이 있는데"(눅 15:11). 비유 자체는 그의 이름과 나이, 직업에 관심을 두지 않는다. 그저 두 아들을 둔 아버지일 뿐이다. 그러나 비유가 계속 펼쳐지는 동안 그의 정체는 점점 구체화된다. 둘째 아들의 분깃 요청에 대해 특별한 이의 제기 없이 나눠주었던 아버지(눅 15:12)와 품꾼이 많을 정도로 부자인 아버지(눅 15:17, 22-23), 둘째 아들이 돌아오기를 바라는 마음으로 골목 어귀를 늘 바라보는 아버지, 둘째가 돌아오는 것을 보고 달려 나가 맞이하는 정 많은 아버지(눅 15:20), 그리고 돌아온 아들을 위해 잔치를 베풀며 그 기쁨을 주체하지 못하는 아버지(눅 15:24) 등의 모습으로 구체화된다. 바로 그 아버지가 회개하고 돌아온 아들을 두고서 "내 아들은 죽었다가 다시 살아났으며 내가 잃었다가 다시 얻었노라"며 즐거워했다(눅 15:24). 이 기쁨과 즐거움의 표현은 이 비유 앞에 전개된 〈잃은 양을 찾은 목자 비유〉(눅 15:3-7)의 마지막 구절과 〈잃은 드라

크마를 찾은 여인 비유〉(눅 15:8-10)의 마지막 구절을 상기시킨다:

> 내가 너희에게 이르노니 이와 같이 죄인 한 사람이 회개하면
> 하늘에서는 회개할 것이 없는 의인 아흔아홉으로 말미암아
> 기뻐하는 것보다 더하리라(눅 15:7).
> 내가 너희에게 이르노니 이와 같이 죄인 한 사람이 회개하면
> 하나님의 사자들 앞에 기쁨이 되느니라(눅 15:10).

자, 여기서 독자들에게 질문 하나를 던지고자 한다. 독자들은 이 비유의 핵심이 무엇이라고 생각하는가? 방탕한 삶을 살지 말라는 교훈에 있다고 보는가? 아니면 탕자의 회개에 있다고 보는가? 아니면 아버지가 기뻐하며 베푼 잔치에 있다고 보는가? 나는 이 비유의 핵심이 '돌아온 아들로 인해 기뻐하는 아버지'에 있다고 생각한다. 누가복음 15장 1-2절에 등장하는 '세리와 죄인들'과 '바리새인과 서기관들'의 존재, 그리고 25-32절에 등장하는 첫째 아들의 생각을 함께 고려해 보면 핵심 주제가 더 풍성해질 수 있겠으나, 그럼에도 회개하고 돌아온 아들로 인해 기뻐하는 아버지가 이 비유의 핵심이라 할 수 있다. 흥미롭게도 바로 위에서 언급한 것처럼 기뻐하는 아버지의 모습은 '탕자의 비유'(눅 15:11-32) 앞에 있는 두 개의 비유, 즉 〈잃은 양을 찾은 목자 비유〉(눅 15:3-7)와 〈잃은 드라크마를 찾은 여

인 비유〉(8–10절)에서 등장하는 목자와 여인이 잃은 양과 드라크마를 찾고서 기뻐하는 것과 동일하다. 양 백 마리 가운데 잃었던 한 마리를 되찾은 후 이웃과 더불어 즐거워하는 목자나 열 드라크마 가운데 잃었던 한 드라크마를 되찾은 후 이웃과 더불어 기뻐 즐거워하는 여인처럼, 이 아버지도 즐거워한다.

> 또 찾아낸 즉 즐거워 어깨에 메고 집에 와서 그 벗과 이웃을 불러 모으고 말하되 나와 함께 즐기자 나의 잃은 양을 찾아내었노라 하리라(눅 15:5–6).
> 또 찾아낸즉 벗과 이웃을 불러 모으고 말하되 나와 함께 즐기자 잃은 드라크마를 찾아내었노라 하리라(눅 15:9).

이처럼 아버지도 둘째 아들이 돌아오게 된 것을 기뻐 뛰며 즐거워한다: "이 내 아들은 죽었다가 다시 살아났으며 내가 잃었다가 다시 얻었노라 하니 그들이 즐거워하더라"(눅 15:24). 어떻게 이런 기쁨과 즐거움이 회복되었을까? 무엇이 있었기에 이런 기쁨이 회복되었을까? 이 비유는 아들이 자신의 잘못을 인정하고 시인했다는 데서 그 이유를 찾는다. 아들이 "아버지 내가 하늘과 아버지께 죄를 지었사오니 지금부터는 아버지의 아들이라 일컬음을 감당하지 못하겠나이다"(눅 15:21)라는 사죄(사과=회개=용서를 구함)를 했기 때문이다. 그래서 '탕자의 비유' 앞에 전개된 두 비유가 다 끝나고 난 뒤 예수님은 '한 사람의 회개로 주어지게 되는 주인의 기쁨'을 이렇게 말씀하신다.

내가 너희에게 이르노니 이와 같이 죄인 한 사람이 회개하면

하나님의 사자들 앞에 기쁨이 되느니라(눅 15:10).

돌아온 아들을 끌어안고 종들을 시켜 큰 잔치를 배설하고 이리저리 동분서주하며 기뻐 뛰는 아버지의 모습은 그 자체로 감동이다. 근엄하고 무서운 모습이라고는 전혀 찾아볼 수 없는 따뜻하고 사랑 많은 아버지의 모습이다. 전통적으로 이 아버지는 하나님을 가리키는 것으로 해석되어 왔다. 10절에서 확인했듯이 〈잃은 양을 찾은 목자 비유〉(눅 15:3-7)와 〈잃은 드라크마를 찾은 여인 비유〉(눅 15:8-10)가 모두 잃었던 것을 되찾았을 때 하나님이 얼마나 기뻐하시는가를 보여준다. 즉, 비유에 등장하는 아버지는 곧 하나님이시다.

그런데 문제는 여기서 발생한다. 하나님 아버지는 사랑이 풍성한 분이시고, 사랑이 풍성한 분이시기에 무조건적인 사랑을 주시는 분이며, 따라서 무조건적으로 사랑과 용서를 베푸시는 분이라는 결론을 내놓는 것이다. 여기서 둘째 아들이 자신의 죄를 깨닫고 돌아왔다는 '회개의 지점'은 희석되고 오로지 하나님 아버지의 무조건적인

사랑과 용서만 부각된다. 정말 그런가? 하나님 아버지의 무조건적인 용서가 핵심인가? 아니면 회개하고 돌아온 둘째 아들로 인해 한없이 기뻐하는 하나님 아버지가 핵심인가?

내가 이 책에서 지속적으로 강조하는 것 가운데 하나는 '가해자의 사죄(사과)'다. 즉 가해자의 회개, 그것이 용서의 조건이다. 탕자인 둘째 아들과 아버지 사이의 깨어진 관계에서 둘째 아들이 관계 회복(화해)으로의 정원으로 들어갈 수 있었던 것은 회개('이에 스스로 돌이켜'[눅 15:17], '이에 일어나서'[눅 15:20], '아버지, 내가 하늘과 아버지께 죄를 지었사오니'[눅 15:18, 21])라는 입구를 통과하였기 때문이다. 그것이 둘의 화해에서 결정적이며 전제 조건이었다. 그 회개가 없었다면 둘 사이의 화해 과정은 진행되지 않았을 것이다. 둘째 아들은 여전히 돼지 우리 안에서 일하며 쥐엄 열매를 구하고 있었을 것이고, 아버지는 여전히 골목 어귀를 보며 그를 기다리고 있었을 것이다.

일곱 번을 일흔 번까지 용서하라

마태복음 18장 21-35절에는 용서에 관한 유명한 말씀이 담겨 있다. 특별히 21-22절에는 무조건적인 용서에 대한 가르침으로 읽힐 수 있는 내용이 있다. 좀 더 과장해서 말하면, 무조건적인 용서를 하지 않으면 안 될 것 같은 분위기의 말씀이다. 이 책의 논지('성경적인 용서는 조건적이다')와 충돌하는 것으로 보이기 때문에 내가 강의실이나 교회 공동체에서 성경의 조건적인 용서에 관한 내용을 나눌 때, 일종의 반론으로 제시되는 본문 가운데 하나가 바로 이 본문이기도 하다.

> 그 때에 베드로가 나아와 이르되 주여 형제가 내게 죄를 범하면 몇 번이나 용서하여 주리이까? 일곱 번까지 하오리이까? 예수께서 이르시되 네게 이르노니 일곱 번뿐 아니라 일곱 번을 일흔 번까지라도 할지니라(마 18:21-22).

베드로는 죄를 범한 형제를 '일곱 번' 용서하면 충분할 뿐만 아니라 관대한 용서가 아니냐는 차원에서 질문을 던졌다. 이에 대한 예수님의 대답은 베드로가 말한 '일곱 번'을 '일흔 번' 용서하라는 것이다. 여기서 '일곱 번을 일흔 번' 용서하라는 말은 횟수에 제한받지 말고 계속 용서해야 된다는 것, 즉 끊임없이 용서하라는 것을 의미한다.

문제는 이 지점에서 발생한다. 즉, '끊임없이 용서하라'는 말을 '무조건적으로 계속 용서하라'는 뜻으로 이해하는 것이다. 그러나 우리는 여기서 주의해야 한다. 왜냐하면 '끊임없이 용서하라'는 말과 '무조건적으로 끊임없이 용서하라'는 말은 전혀 다른 말이기 때문이다. 이 구절들에는 '끊임없는 용서'가 조건적인 것인지 무조건적인 것인지 명시되어 있지 않다. 이에 독자들은 습관을 좇아 그것을 '무조건적으로 끊임없이 용서하라'는 가르침으로 이해하는 경향이 강하다.

33-35절 말씀은 이러한 해석 경향을 더욱 뒷받침하는 것처럼 보인다. 이 두 구절은 우리에게 무조건적으로 용서해야 한다는 무거운 부담감을 안겨 준다.

> 내가 너를 불쌍히 여김과 같이 너도 네 동료를 불쌍히 여김이
>
> 마땅하지 아니하냐 하고…너희가 각각 마음으로부터 형제를
>
> 용서하지 아니하면 나의 하늘 아버지께서도 너희에게 이와
>
> 같이 하시리라(마 18:33-35).

이 구절은 분명 '용서하라'는 가르침을 주고 있다. 주님이 우리를 불쌍히 여김과 같이 우리도 우리의 동료를 불쌍히 여겨야 하며, 만일 마음으로부터 형제를 용서하지 않으면 하나님도 우리를 용서하지 않을 것이라고 말씀한다.

그러나 여기서 예수님이 가르치는 '끊임없는 용서'가 곧 '무조건적인 용서'인가라는 질문을 던져 보고 곰곰이 생각해 보면, 그렇지 않다는 것을 알 수 있다. 그 이유를 23-35절의 '용서할 줄 모르는

종 비유'와 인접 맥락(마 18:15-20)에 대한 분석을 통해 알아보고자 한다. 이 분석은 마태복음 18장 21-35절이 '용서의 지속성'을 강조하는 비유이지 '무조건적인 용서'를 가르치는 비유가 아니라는 점을 살펴볼 수 있게 할 것이다.

'용서할 줄 모르는 종 비유'

소위 〈용서할 줄 모르는 종 비유〉는 베드로의 질문과 예수님의 대답에 이어서 마태복음 18장 23절부터 34절까지 전개된다. 이 비유의 내용은 단순하면서도 함축적이다. 내용은 다음과 같다: 임금에게 일만 달란트 빚진 종이 있었다. 둘이 결산을 하게 되었는데 그 종은 갚을 것이 전혀 없었다. 하여 임금은 그에게 속한 모든 것을 팔아 갚도록 하였으나 그 종이 빚을 다 갚겠다며 엎드려 애걸한다. 그 모습을 본 임금이 그를 불쌍히 여겨 그의 모든 빚을 탕감하여 주었다. 그런데 탕감받은 자가 길을 가다가 자기에게 백 데나리온 빚진 동료를 만나게 되었는데 그의 목을 부여잡고 빚을 갚으라며 다그치는 것이 아닌가. 그 동료가 다 갚겠다며 엎드려 애걸을 하는데, 그 간청을 받아 주지 않고 매몰차게 그를 감옥에 가두어 버렸다는 것이다. 이를 본 동료들이 감옥에 갇힌 그를 불쌍히 여겨 모든 자초지종을 임금에게 알렸더니, 임금이 일만 달란트 빚을 탕감받은 자를 다시 불러들여 자신이 그에게 엄청난 빚을 탕감해 준 사실을 상기시키며 그것처럼 그가 백 데나리온 빚진 동료의 빚을 탕감하여 주는 것이 마땅하지 않냐며 그에게 화를 내고 감옥에 가두었다.

이 비유의 반전은 일만 달란트 빚을 탕감받은 자가 백 데나리온 빚진 동료를 감옥에 가두는 장면에서 발생한다. 한 달란트는 노동자의 20년 치 임금에 해당하는 엄청난 금액이므로 일만 달란트는 노동자의 20만년 치 임금에 해당하는 터무니없는 금액이다. 일만 달란트 빚진 자는 자기에게 속한 모든 것을 다 팔아도 갚을 수 없는 금액임에도 그것을 은혜로 탕감을 받았다. 그런데 그가 나가서 백 데나리온(노동자의 하루 품삯)을 빚진 자를 탕감해 주지 않고 감옥에 처넣었으니, 반전이 아닐 수 없다. 어찌 이렇게 강퍅할 수 있단 말인가? 이런 모습을 보고서 임금은 일만 달란트 빚진 자에게 이렇게 말한다: "내가 너를 불쌍히 여김과 같이 너도 네 동료를 불쌍히 여김이 마땅하지 아니하냐"(마 18:33).

다시 말해서, 일만 달란트 빚진 자가 간절히 구걸하였을 때(용서를 구할 때 = 자비를 빌었을 때 = 사죄를 할 때), 엄청난 긍휼(용서/자비)을 받은 것처럼, 백 데나리온을 빚진 자가 간절히 긍휼(용서)을 요청했을 때, 그 용서 요청을 거절한 그의 무정함과 사악함을 꾸짖는 말씀이지, 무조건적으로 용서하라는 말씀이 아닌 것이다. 즉, 용서를 구할 때 용서해 주라는 것이 핵심이다.

이 해석이 가능한 것은 이 비유가 놓인 맥락(마 18:15–20)을 확인해 보면 이해할 수 있다. 이 비유 앞에 놓인 말씀은 공동체의 한 형제가 죄를 범했을 때 그를 어떻게 조치해야 하는가에 관한 것이다. 공동체(교회)에서 한 지체가 네게 잘못(죄=가해)을 행하면 개인적으로 만나 이야기를 해야 한다. 이때 만일 그가 들으면(즉, 그가 자신의 잘못을 인정하고 사죄하면), 그 형제를 얻게 될 것이지만 만일 자신의 잘못을 인정하지 않으면 교회 공동체에 말해야 한다. 교회가 그에게 말하였는데도 그가 잘못을 인정하지 않고 뉘우치지 않으면 그를 이방인과 세리로 취급하라는 것이다. 여기서도 핵심은 개인의 용서, 더 나아가 교회 공동체의 용서는 잘못을 행한 자(죄인=가해자)가 자신의 잘못을 인정하고 용서를 구할 때 비로소 성사된다는 것이다.

이 말씀을 하신 후에 예수님은 "무엇이든지 너희가 땅에서 매면 하늘에서도 매일 것이요, 무엇이든지 땅에서 풀면 하늘에서도 풀리리라"(마 18:18)라고 말씀하신다. 〈용서할 줄 모르는 종 비유〉를 다 마친 후에도 동일한 의미의 말씀을 하신다: "너희가 각각 마음으로부터 형제를 용서하지 아니하면 나의 하늘 아버지께서도 너희에게 이와 같이 하시리라"(마 18:35).

정리하면 이렇다. '터무니없는 죄를 용서받은 자는 누군가가 자기에게 죄를 지었더라도 그가 용서를 구하면 용서해 주라는 것'이다. 그것은 매듭과도 같다는 것이다. 자신의 잘못을 인정하며 용서를 간절히 구하는 자를 제발 용서하라는 것이다(마 6:14-15도 같은 말씀이다). 누가복음 17장 3-4절에서 예수님은 이렇게 말씀하신다.

> 너희는 스스로 조심하라 만일 네 형제가 죄를 범하거든 경고하고 **회개하거든 용서하라** 만일 하루에 일곱 번이라도 네게 죄를 짓고 일곱 번 네게 돌아와 내가 회개하노라 하거든 너는 용서하라 하시더라(눅 17:3-4).

간음 현장에서 잡힌 여자

여러 명이 '기독교적 용서'라는 주제로 두고서 토론할 때마다 반드시 등장하는 본문들 가운데 하나는 바로 요한복음 7장 53절부터 8장 11절이다. 적지 않은 토론 참여자들은 이 본문에 있는 예수님의 용서는 '무조건적인 용서'이며, 따라서 우리도 그렇게 무조건적으로 용서해야 한다고 주장한다. 그러나 그러한 입장에 나는 고개를 갸우뚱거리게 된다. 무엇보다 먼저 이 본문이 정말 '무조건적인 용서'를 가르치는 본문인가라는 질문을 제기해 볼 수 있고, 두 번째로는 여자에게 했던 예수님의 말씀을 근거로 우리는 무조건적인 용서를 우리의 모델로 삼아야 하는가라는 질문을 던져볼 수 있다. 이 본문을 자세히 살펴보기 전에 독자들에게 "당신은 여자에게 하신 예수님의 말씀을 정말 우리의 용서 모델로 삼아야 한다고 생각하십니까?"라고 묻는다면 어떻게 답하겠는가? 잠깐 몇 초라도 시간을 내서 진지하게 생각해 보라. 여자에게 했던 예수님의 그 말씀("나도 너를 정죄하지 아니하노니 가서 다시는 죄를 범하지 말라[요 8:11]")은 무조건적인 용서이고, 그것이 우리의 모델이 되어야 한다고 생각하는가?

사실 이 본문은 가장 오래된 사본에는 등장하지 않기 때문에 복잡한 사본 상의 문제가 있지만, 그것은 논외로 하고 본문을 함께 생각해 보자.

> 예수는 감람산으로 가시니라. 아침에 다시 성전으로 들어오시니 백성이 다 나아오는지라. 앉으사 그들을 가르치시더니 서기관들과 바리새인들이 음행 중에 잡힌 여자를 끌고 와서 가운데 세우고 예수께 말하되, "선생이여! 이 여자가 간음하다가 현장에서 잡혔나이다. 모세는 율법에 이러한 여자를 돌로 치라 명하였거니와 선생은 어떻게 말하겠나이까?" 그들이 이렇게 말함은 고발할 조건을 얻고자 하여 예수를 시험함이러라. 예수께서 몸을 굽히사 손가락으로 땅에 쓰시니 그들이 묻기를 마지 아니하는지라. 이에 일어나 이르시되, "너희 중에 죄 없는 자가 먼저 돌로 치라" 하시고, 다시 몸을 굽혀 손가락으로 땅에 쓰시니 그들이 이 말씀을 듣고 양심에 가책을 느

껴 어른으로 시작하여 젊은이까지 하나씩 하나씩 나가고 오
직 예수와 그 가운데 섰는 여자만 남았더라. 예수께서 일어
나사 여자 외에 아무도 없는 것을 보시고 이르시되, "여자여!
너를 고발하던 그들이 어디 있느냐? 너를 정죄한 자가 없느
냐?" 대답하되 "주여 없나이다." 예수께서 이르시되 "나도 너
를 정죄하지 아니하노니 가서 다시는 죄를 범하지 말라" 하시
니라(요 8:1-11).

어느 날 아침 성전에서 예수님이 사람들을 가르치고 있을 때였
다. 서기관과 바리새인들이 간음 현장에서 잡힌 여자 한 명을 예수
님 앞으로 끌고 와 그 앞에 세우고서는 이런 질문을 던졌다. 모세의
율법에 따르면 간음한 여자는 돌로 쳐 죽여야 하는 데 예수님은 어
떻게 생각하느냐는 것이었다. 이 질문은 마치 예수님의 답변이 주
어지기만 하면 자신들은 그것을 곧바로 시행하겠다는 뜻으로 해석
할 수 있는 질문 같지만, 사실 예수님을 곤경에 빠뜨리기 위한 질문
이었다('고발할 조건을 얻고자 하여 예수를 시험함이러라'[6절]). 레위기 20장
10절과 신명기 22장 22-24절의 모세 율법에 따르면 간음한 자는 돌
로 쳐 죽여야 했고, 예수님 앞으로 끌려온 이 여자는 간음 현장에서
잡혔기 때문에 '모세 율법에 따라 판단한다면' 그녀를 돌로 쳐 죽이
는 것에는 아무런 문제가 없을 것이다. 그러나 만일 예수님이 그 여

자는 돌로 쳐 죽여도 좋다고 대답하면, 산헤드린을 선동해서 사형을 직접 집행하게 함으로써 당시 로마법을 위반하는 상황에 처하게 될 수 있었다. 반면 만일 예수님이 간음한 여자를 돌로 죽여서는 안 된 다고 말한다든지 그냥 풀어주라고 말하게 되면, 모세의 율법과 정면 으로 충돌하게 되는 곤란한 상황에 처하게 될 수 있었다.

예수님은 어떤 식으로든 대답을 해야 하는 상황이었다. 몰려든 사람들의 눈은 포악한 늑대처럼 이글거리고 그들의 손에는 이미 돌 이 쥐어져 있었다. 여차하면 돌을 던질 셈이었다. 서기관과 바리새 인들이 질문했을 때 모여든 사람들은 모두 숨소리조차 내지 않고 예 수님이 무엇이라고 말씀하는지를 기다렸다. 그때 예수님은 "너희 중에 죄 없는 자가 먼저 돌로 치라"는 말씀을 하셨고(요 8:7), 그 말씀 을 들은 사람들은 놀랍게도 하나둘씩 손에 들고 있던 돌을 바닥에 내려놓고 떠나갔다. 그리고 덕분에 그 여인은 죽을 위기에서 벗어날 수 있었다.

이 본문의 메시지가 용서인가?

무엇보다 먼저 이 본문 말씀이 기본적으로 용서에 관한 말씀인가 부터 생각해 보자. 이렇게 하는 이유는 적지 않은 사람들이 간음한 여자에 대한 예수님의 말씀을 보면서 '무조건적인 용서'를 도출하기 때문이다. 그러나 만일 이 본문의 핵심이 용서가 아니라면, '용서'라는 렌즈를 통해 본문을 들여다보는 것 자체가 문제가 될 수 있을 것이다. 이 본문의 배경은 유대인의 명절인 초막절이다. 사람들이 성전으로 많이 몰려들었고, 예수님의 적들은 어찌하든지 예수님을 죽이기 위한 고발거리를 찾고 있었는데, 그 미끼가 바로 율법이었다. 자신들은 율법을 지키지 않으면서 예수님에게는 그 율법을 들이대 그 기준을 벗어나는 말을 할 경우 가차 없이 잡아 죽이려 했던 것이다. 이들은 얼마 전 예수님이 안식일에 사람을 치료했던 사건으로 이미 매우 격분되어 있는 상태였기 때문에(요 7:23), 이번에는 제대로 걸려들기를 간절히 바라고 있었다. 드디어 예수님이 침묵을 깨고 말씀을 하셨는데, 그것은 "너희 중에 죄 없는 자가 먼저 돌로 치라"(요 8:7)였다. 이 말씀이 주어지자 모두들 양심의 가책을 받아 어른부터 젊은이까지 그 자리를 모두 떠나갔다.

예수님의 이 말씀은 자신들조차 지키지 않는 율법으로 다른 사람을 정죄하는 그들의 위선적인 모습을 고발한다: "모세가 너희에게 율법을 주지 아니하였느냐? 너희 중에 율법을 지키는 자가 없도다. 너희가 어찌하여 나를 죽이려 하느냐?"(요 7:19). 다시 말해서, 요한복음 8장 1-11절의 핵심 메시지는 용서에 관한 것이 아니라 자신은 율법을 지키지도 않으면서 그 율법의 잣대로 다른 사람을 정죄하는 위선적인 행태를 경고하는 것에 있다. 본문에 기록되어 있는 대로 서기관과 바리새인들은 예수님을 올무에 빠뜨리기 위해서 간음 현장에서 잡힌 여자를 이용하고 있다. 만일 그들의 뜻대로 예수님이 말씀을 엉뚱하게 하신다면, 예수님도 위기에 빠지고 여자도 돌에 맞아 죽게 될 상황인 것이다. 그들은 예수님과 여자 모두를 생명으로 안내하는 데 관심이 있었던 것이 아니라 파괴하는 것에만 관심을 가지고 있었다. 그런 서기관과 바리새인들이 율법을 수단 삼아 예수님을 수렁에 빠뜨리고자 했던 것이다. 요한복음 7장 19절의 말씀도 이 내용을 뒷받침한다. 정죄를 위한 정죄, 판단을 위한 판단은 옳지 않다. 그러나 때로는 공동체의 성결과 거룩 유지를 위해서 반드시 죄를 언급해야 하고, 판단해야 할 경우도 있다. 모든 정죄와 판단이 나쁜 것이 아닌 이유는 바로 이것 때문이다. 그것을 행하고 있는 자가 죄인에 대해 아파하고 거룩과 성결에 대한 열의가 있다면, 죄에 대해 조심스럽고 겸허하면서도 단호하게 이야기하는 것은 그리스도인이 취해야 할 자세 가운데 하나인 것이다. 우리나라 특유의 인정 문화로 인해 죄에 대해 제대로 이야기하지 못한 것이 작금의 기독교 불신 사태를 불러오지 않았나 하는 생각을 지울 수 없다. 여하튼 이 본문은 용서에 대한 말씀이 아니라 자신도 율법을 행하지 않으면서 다른 이들을 율법으로 정죄하는 자들에 대한 경고의 말씀이다.

용서 주제가 있다면 그것은 어떤 용서인가?

그럼에도 이 본문에 '용서' 주제가 전혀 없는 것은 아니다. 여자에 대한 예수님의 말씀을 보면, 그가 이 여자의 죄를 용서하신 것으로 보이기 때문이다: "여자여, 너를 고발하던 그들이 어디 있느냐? 너를 정죄한 자가 없느냐?…주여 없나이다…나도 너를 정죄하지 아니하노니 가서 다시는 죄를 범하지 말라"(요 8:10-11). 이 구절을 있는 그대로 읽으면 예수님은 여자가 자신의 잘못을 시인하거나 회개하지 않았음에도 불구하고 그녀의 죄를 용서하신 것으로 보인다. 따라서 그녀의 죄에 대한 예수님의 이 말씀과 자세를 근거로 우리가 따라야 할 예수님의 용서는 '무조건적인 용서'라고 보아야 한다는 것이다.

여기서 여자가 자신의 죄를 인정했느냐의 여부(사죄/회개 여부)는 분명치 않다. 본문에서 그녀가 한 말이라곤 단지 "주여, 없나이다"(요 8:11) 뿐이기 때문이다. 자신을 고소하던 자들이 다 떠나가고 없다는 뜻이다. 따라서 이 짧은 표현을 근거로 그녀가 회개했다고 단언하는 것에는 무리가 있다. 그럼에도 상상력을 조금 동원해 보면, 그녀가 예수님 앞에서조차 자신의 죄를 부정했을 것으로 보기는 힘들다. 빛 되신 주님 앞에서 자신의 죄를 적나라하게 보았을 가능성이 높다. 주님 앞에서 "주님, 제가 잘못했습니다"라는 언어적인 표현을 구사하지는 않았지만, 얼굴과 목을 땅을 향해 길게 늘어뜨리는 비언어적인 사죄의 표현을 드러냈을 것으로 상상할 수 있다. 다시 말해서, 그 여자가 주님 앞에서 비언어적인 표현으로라도 회개했을 것으로 보는 것이 자연스럽다.

예수님이 그녀에게 했던 "가서 다시는 죄를 범하지 말라"는 말씀도 의미심장하다(요 8:11). 예수님이 그녀에게 하신 "나도 너를 정죄하지 아니한다"라는 말씀을 두고서 예수님이 그녀의 죄를 정당화시키고 있는 것으로 해석하는 것은 옳지 않다(요 8:11). '다시' 혹은 '더 이상'으로 번역될 수 있는 '메케티'(μηκέτι)라는 표현을 고려해 보면, 예수님은 분명 그녀의 간음죄를 간파하고 계셨다. 그녀의 죄를 정당화하고 계신 것이 아니었다. 그녀의 죄를 간파하셨기에 예수님은 그녀에게 "가서 다시는 죄를 범하지 말라"고 말씀할 수 있었던 것이다.

다시 말해서, 간음한 여자에 대한 예수님의 용서는 무조건적인 용서로 보기 힘들다. 본문에 명시적으로 기록되어 있지 않지만, 그 여자는 비언어적인 표현으로 회개했을 가능성이 높으며, 그 회개를 근거로 예수님의 용서가 주어졌을 것으로 보는 것이 자연스럽다. 만일 이 본문에 있는 예수님의 용서가 그녀의 회개가 없는 무조건적인 용서가 맞다면, 우리는 조금 짓궂은 상상을 하나 해 볼 수 있을 것이다. 즉, 이 일이 있은 지 얼마 후 사두개인과 바리새인들이 음행 현장에서 잡힌 여자 한 명을 예수님에게 또 끌고 왔는데, 그녀를 보니 얼마 전 예수님이 "나도 너를 정죄하지 아니한다. 가서 다시는 죄를 범하지 말라"고 말하며 보냈던 여자라면, 그때도 예수님은 자신의 죄를 회개하지 않았던 그 여자에게 또다시 무조건 "너를 정죄하지 아니한다"며 그녀를 보내실까? 아니 이런 일이 두 번이고 세 번이고 발생한다면, 예수님은 똑같은 방식으로 그녀를 대하실까?

요한복음 8장 1-11절에 있는 이 말씀은 본질적으로 율법을 스스로도 지키지 않으면서 그 율법으로 다른 사람을 정죄하는 자들을 고발한다. 그것이 핵심이다. 용서가 핵심이 아니다. 그럼에도 용서와 관련된 무엇인가를 찾았다고 한다면, 적어도 그것을 예수님의 용서가 무조건적이라는 주장의 근거로 제시하기는 힘들어 보인다.

주기도문의 용서: 용서하라! 그리하여야 용서를 받으리라

'탕자의 비유'에서조차 하나님의 용서는 조건적이다. 독자들 중에는 사랑이 풍성하신 하나님이 무조건적인 용서가 아니라 '회개'(=사죄=사과)를 조건으로 용서를 행하신다는 주장에 불편해 하는 이들도 있을 것이다. 하지만 그런 불편함은 하나님의 사랑이 무조건적이므로 하나님의 용서도 무조건적이어야 한다는 논리에서 비롯된 것일 수 있다. 하나님은 분명 '사랑의 하나님'이시지만, 동시에 '공의의 하나님'이시다. 하나님은 죄인들에게 사랑과 긍휼의 마음을 품고 행하시지만, 죄를 간과하거나 합리화시키지 않으신다. 용서를 가능하게 하는 것은 죄인의 회개뿐이다. 죄인이 자신의 죄가 갖는 심각성을 깨닫고 그 죄로부터 돌아설 때 하나님은 그를 용서하신다. 이렇듯 가해자는 자신이 저지른 부당한 행위가 갖는 심각성을 깨닫고 피해자에게 사과해야 한다. 그때 비로소 피해자의 용서가 시작되며 화해의 길이 열릴 것이다.

신약성경의 용서도 구약성경의 용서와 마찬가지로 '조건적'이라는 점을 주장하면서 마지막으로 살펴보려는 본문은 대부분의 사람들이 알고 있는 주기도문이다. 특별히 마태복음 6장 12절에는 소위 '주기도문'(주님이 가르쳐 주신 기도문)에 들어 있는 청원들 가운데 다섯 번째 청원으로서 '용서'에 관한 기도 내용이 담겨 있다.

> 우리가 우리에게 죄 지은 자를 사하여 준 것 같이 우리 죄를
> 사하여 주시옵고(마 6:12).

이 구절을 다른 식으로 표현해 보면, '우리에게 빚진 자들을 탕감하여 준 것 같이 우리의 빚을 탕감하여 주시옵고' 정도가 될 것이다. 빚이 청산되어야 하듯 죄도 용서되어야 한다. 존 스토트(John Stott)는 이 구절을 설명하면서 주님은 여기서 '용서를 받은 자가 타인을 용서해야 할 의무'에 관해 가르치고 있다고 말한다(존 스토트, p. 109). 그는 이렇게 말한다:

> 예수께서 우리에게 기도를 가르치실 때에 "우리가 우리에게

죄 지은 자를 사하여 준 것 같이 우리 죄를 사하여 주옵시고"
라고 기도하도록 가르치신 것은 사실이다. 하지만 여기서 예
수께서 가르치고 계신 것은, 무자비한 종의 비유에서 가르치
신 것과 마찬가지로 용서를 받은 자가 다른 사람을 용서하지
않을 수 없으므로, **용서를 받은 자가 타인을 용서해야 할 의
무**에 대하여 가르치셨던 것이다. 그러니까 예수께서는 이 기
도 속에서, 사죄의 기초와 관련해서 하나님과 우리 사이의 어
떤 평행선을 유도해 내고 계신 것이 아니었다. "우리가 서로
를 무조건적으로 용서하므로 하나님도 우리에게 그와 같이
하셔야 한다"고 말한다면, 이것은 우리의 궤변을 노출하는
것이 아니라 천단(淺短)함을 노출하는 것이다.

  존 스토트의 설명은 명료하고 정확하다. 하지만 나는 이 구절의
내용이 우리가 주님께 용서를 구할 때마다 우리가 행하는 용서의 삶
을 성찰하도록 한다는 점에 방점을 찍고 싶다. 공중 예배 순서를 보
면, '참회의 기도'라는 순서가 있다. 이 시간에 자신의 은밀한 죄를
짧게 고백하고, 사회자의 '죄사함의 선언'을 통해 용서가 선언된다.
그런데 여기서 몇 가지 문제점이 발견된다. 먼저 죄의 심각성을 제
대로 인식하지도 않고 온전히 깨닫지도 못한 채, 죄 용서함이 자동
판매기와 같이 쉽게 선언된다는 것이다. 또한 자신도 용서받았음에

도 불구하고 가해자를 용서하지 못하고 있는 자신을 성찰할 수 없다면, 이 또한 심각한 문제라 할 수 있다. 만일 자신의 죄를 용서해 달라며 애걸하는 가해자의 잘못을 자신은 용서하지 않으면서도, 자신의 죄에 대한 하나님의 용서는 기필코 받아야겠다는 것은 이율배반적이다. 이것은 일만 달란트 빚진 자가 자신에게 백 데나리온 빚진 자의 목을 부여잡고 자신의 빚을 갚으라고 윽박지르고 끝내 감옥에 집어넣는 모습과 다르지 않은 것이다.

존 스토트는 다른 책에서 14-15절을 아래와 같이 설명하고 있는데, 독자들도 진지하게 생각해 보았으면 좋겠다.

> 이것[이 구절은]은 다른 이들에 대한 우리의 용서가 우리에게 용서받을 권리를 가져다준다는 것을 의미하지 않는다. 오히려 하나님은 회개하는 자들만을 용서하신다는 것과 참된 회개의 핵심 증거는 용서의 정신이라는 점을 의미한다. 일단 우리의 눈이 우리가 하나님께 저지른 죄의 극악함에 열렸다면, 다른 사람들이 우리에게 행한 상처는 비교하자면 엄청 사소하다는 것을 입증한다. 다른 한편으로 우리가 다른 이들의 죄에 대해 과장된 시각을 가지고 있으면, 그것은 우리가 우리 자신의 죄를 축소했다는 것을 입증한다(John Stott, *The Message of the Sermon on the Mount*, 149-150).

이 기도문은 우리의 용서가 하나님께 용서를 받을 수 있는 전제 조건임을 명시한다. 물론 교리적인 의미에서 볼 때, 우리가 누군가를 용서하지 않으면 하나님과 영원한 단절을 경험하게 된다는 것은 아니다. 그러나 우리의 용서가 하나님의 용서를 받을 수 있는 결정적 조건으로 제시되고 있다는 것은 분명하다. 따라서 한 개인의 용서의 삶은 누군가의 사과를 조건으로 용서해야 하는 특징을 갖는 것과 동시에 그런 용서의 삶이 하나님의 용서를 받을 수 있는 조건이 된다는 특징을 갖는다. 이는 공동체 내의 용서 행위가 하나님의 용서 부여와 밀접하게 연결되어 있음을 보여준다.

이 구절은 우리가 우리에게 죄 지은 자를 용서해 주어야 하나님께서 우리 죄를 용서해 주신다는 말씀이다. 고든 웬함은 자신의 책 『토라로서의 시편: 윤리적 차원에서 시편 읽기』에서 이 구절에 담긴 의미를 다음과 같이 설명한다(Gordon J. Wenham). 전부를 다 소개하는 것이 좋겠다 싶어 조금 길지만 옮겨 왔다.

> 심지어 오늘날 예배하는 자들도 다섯 번째 청원에 담긴 윤리적 교훈을 간과해서는 안 된다: "우리가 우리에게 죄 지은 자를 사하여 준 것 같이 우리 죄를 사하여 주시옵고"(마 6:12). 이 가르침은 분명 만일 우리가 하나님이 우리를 용서해 주시기를 원한다면 우리도 다른 사람들을 용서할 준비가 되어 있

어야 한다는 것을 의미한다. 산상설교에서 모델이 되는 기도 문을 주신 직후에 예수는 이 구절의 중요성을 강조한다: "너희가 사람의 잘못을 용서하면 너희 하늘 아버지께서도 너희 잘못을 용서하시려니와 너희가 사람의 잘못을 용서하지 아니하면 너희 아버지께서도 너희 잘못을 용서하지 아니하시리라"(마 6:14-15). 그 청원에 '우리가 사하여 준 것 같이'라는 구절이 포함되어 있는 것은 복잡한 함의를 지닌다. 우리가 만약 다른 사람들을 기꺼이 용서하지 않으면, 우리를 용서해 달라고 하나님께 기도하지 말아야 한다. 우리가 하나님의 용서를 받아야 한다면, 다른 사람에 대한 용서는 필연적이다. 따라서 다른 사람을 용서하지도 않으면서 주기도문으로 기도하는 것은 위선적인 일이다. 이와 같이, 주기도문은 윤리를 가르치고 있다. 사실, 그것은 요셉과 그의 형제들의 이야기나 용서하지 않은 채무자에 관한 예수님의 비유보다 핵심을 더 강력하게 제시한다. 사람들은 이 이야기들을 단순하게 들을 수도 있고, 혹시 그 이야기들을 들으며 감탄할 수 있지만, 그것들을 따라 행동할 필요는 없다. 그러나 기도하는 것이나 찬양하는 것은 다르다. 기도와 찬양은 하나님께 드려진다. 따라서 하나님에 대한 위선은 쓸모없는 일이다. 그것은 오히려 역효과를 낳을 수 있다. "우리가 우리에게 죄 지은 자를 사하여 준 것 같이 우리 죄를 사하여 주시옵고"와 같은 기도는, 기도와 서약이 하나님께 행해진다는 점에서, 그리고 만일 기도하는 화자가 참되지 않더라도, 암암리에 하나님께 행동해 주실 것을 기도한다는 점에서, 법정에서 하는 서약과 유사하다. 우리는 우리에게 죄 지은 자들을 용서하지 않은 채 주기도문으로 기도하는 것보다 주기도문을 기도하지 않는 것이 더 나은 것은 아닌지 질문해야 한다.

여전히 존재하는 갈등

문제는 우리 실생활에서 균형을 잡고 용서를 실천하며 이러한 공의와 자비의 하나님의 모습을 구현하는 것에 있다. 연약한 인간인지라 이리저리 치우치기 십상이다. 특히나 한국인들에게는 인정이 큰 변수로 작용하여 변덕이 죽 끓듯 할 수 있지만, 몇 가지 예들을 생각해 볼 필요가 있다. 일만 달란트의 빚을 청산받은 우리는 개인적인 차원과 공동체 차원에서 어떻게 용서를 실천해야 할까?

첫째로 가해자가 피해자에게 부당한 해를 입히거나 죄를 짓고도 자신의 죄에 대해 어떤 죄책감도 없이 후안무치한 경우가 있다. 자기 자신이 저지른 무례와 죄를 죄로 인식하지 못하는 경우이다. 그런 자를 향한 용서는 성립되지 않는다. 성경 어디를 보더라도 자신의 죄를 알지도 못하고, 고백하지도 않는 자를 용서하라는 가르침은 찾아볼 수 없다. 이런 자들을 그래도 용서해야만 한다는 착한 그리스도인 신드롬(강박관념)에 사로잡혀있기보다는 그에게 하나님의 은총이 임하여 자기의 죄를 볼 수 있기를 기도하는 것이 더욱 바람직한 방향일 수 있을 것이다. 동시에 생각해야 할 것은 내가 가해자임에도 불구하고 그것을 인식하지 못하고 있는 것은 아닌지도 늘 성찰해야 한다. 다시 말해서, 타자에게 잘못을 하고서도 파렴치하고 뻣뻣하게 행동하고 있지는 않은가에 대한 성찰 말이다.

둘째로 가해자가 자신의 죄를 고백하였음에도 피해자 본인이 용서할 준비가 안 된 경우도 있다. 용서는 일종의 과정이다. 자신에게 심한 상처를 준 가해자가 다음날 자신의 죄와 과실을 사과해도 가해자에 대한 미움과 분노의 감정이 그대로 남아 있을 수 있다. 또한 미움과 증오의 감정이 너무 심해서, 자신이 당한 것만큼 복수하고 싶은 마음이 내면에 가득 차 있을 수 있다. 이때는 자신도 일만 달란트 빚을 탕감받은 자라는 사실과 주님의 끊임없는 용서의 교훈을 묵상하며, 자신의 마음을 위해 기도해야 한다. 비록 미운 감정이 있더라도 자신의 잘못을 인정하고 용서를 구하는 자에게 마음을 열어 열 번이라도 용서할 수 있도록 성령님께 의지해야 한다. 우리도 그와 같은 큰 죄인이었으나 용서받지 않았는가?

셋째로 용서가 공동체 영역에서 적용되어야 하는 경우가 있다.

공동체에서 한 지체가 잘못을 하면 회개할 수 있도록 몇 번의 기회를 주어 치유될 수 있는 시간을 주어야 한다. 이런 공동체의 따뜻한 마음에도 불구하고 자신의 잘못을 인정하지 않고, 회개하지 않을 경우는 그(그녀)를 공동체에서 내치라고 성경은 가르친다. 그렇게 내치는 것은 그 자신에게 강한 충격 요법이 될 뿐만 아니라, 그 공동체의 거룩과 성결을 유지하기 위한 측면도 있다. 인정에 치우쳐 이것을 하지 못하면, 그 공동체는 곪기 시작하고, 결국에는 함께 무너지고 만다. 주의할 것은 공동체가 한 사람에게 영원히 지워지지 않는 주홍글씨를 씌어 격리하고 저주해서는 안 된다는 것이다. 교회는 스스로의 거룩과 성결을 위해 과감한 결단을 해야 할 때가 있다. 그러나 그 죄가 아무리 파렴치하고 악할지라도, 그가 진실하게 자신의 잘못을 깨닫고 회개하며 근신할 때는 언.제.든.지. 받아 줄 수 있어야 한다.

지속되는 내적 싸움과 성령님의 도우심

용서와 관련하여 신과 인간이라는 차이로 인해 부득불 발생할 수밖에 없는 우리의 한계를 인정해야 할 것이다. 하나님의 정의와 자비를 그대로 모방했으면 좋겠으나, 타락한 죄인에게는 늘 한쪽으로 치우치는 성향이 있으며, 지식과 실천 사이에 큰 괴리가 존재하고 있음을 인정해야 한다. 그러나 동시에 예수님 안에서 새로 거듭난 예수 공동체의 한 일원이요, 예수 그리스도를 닮아 가고자 부단히 애쓰는 그리스도인은 스스로를 살짝 힘들게 하더라도 용서할 것에 대한 도전을 기꺼이 받아들여야 한다. 힘들어도 공의를 실천해야 할 때가 있으며, 힘들어도 용서해야 할 때가 있는 것이다. 결코 용서하지 않겠노라며 마음의 빗장을 걸어 잠그는 것이 아니라 일단 용서를 향해 마음을 활짝 열어 놓아야 한다.

마지막으로 다시 한 번 기억했으면 하는 것은 하나님은 용서하기 위해 결코 공.의.와 정.의.를 버리지 않으신다는 것이다. 동시에 자신의 죄를 진실로 고백만 하면 하나님은 그 준엄한 공의의 채찍을 내려놓으시고 가슴에 품으시며 용서하는 자비의 하나님이시라는 것이다. 이 원리는 우리가 우리의 삶에서 동일하게 적용해야 할 대원칙이다.

6장
/
용서,
그 불편함에 관하여

용서, 그 불편함에 관하여

이 책을 여기까지 읽어 온 독자들은 용서가 원만한 인간관계를 유지하는 데 있어서 필수불가결한 장치라는 사실에 충분히 동의할 것이다. 숫자로 환산할 수 없을 정도로 우리는 일상의 삶에서 용서를 하기도 하고 용서를 받기도 하며 살아간다. 또한 용서의 복잡한 여러 요소들에도 불구하고, 가해자가 자신의 잘못을 인정하고 사과(회개)할 때 비로소 피해자의 용서가 시작되어야 한다는 원칙에 대해서도 어느 정도 공감했을 것이다. 솔직히 말해서 이런 나의 주장이 '용서는 무조건적이어야 한다'라는 입장을 취하고 있는 일부 독자들과 용서 문제로 현재 심한 몸살을 앓고 있는 독자들에게 얼마만큼 설득력 있게 다가갔을지 모르겠다.

그런 의구심에도 불구하고 나는 독자들(특별히 기독교인들)에게 성경 역시 이 원칙을 일관되게 지지하고 있다는 점을 설득하고자 했다. 만일 이 원칙이 옳은 것이라면, 부당한 행위로 상처와 해를 입힌 가해자를 피해자가 무조건 용서해야 한다는 주장은 성경의 가르침과 거리가 있는 것이 된다. 이 원칙에 따라 생각해 본다면, 내가 이 책 서론에서 언급했던 자매는 성경의 가르침과 거리가 있는 기도를 하고 있었던 셈이다.

즉 그렇게 고통스럽게 기도하지 않아도 될 기도를 했던 것이다. 그녀는 사과의 말 한마디 하지 않고 오히려 뻔뻔한 태도로 일관했던 직장 상사를 용서하지 못하고 있던 자신을 오히려 코너로 몰아세우며 채찍질을 가하고 있었다. 그녀는 그럴 필요도 없었고 그렇게 기도해서도 안 되는 것이었다. 오히려 그녀는 죄의식이라고는 눈곱만큼도 없던 직장 상사에게 하나님의 공의가 임하기를 기도하든지 그가 자신의 죄를 온전히 깨달을 수 있도록 하나님의 은혜를 베풀어 달라고 기도하는 것이 더 좋았을 것이다. 다시 말하지만, 사과(사죄, 회개)하지 않는 가해자를 무조건적으로 용서해야 한다는 것은 성경의 가르침과는 거리가 멀다.

불편한 지점

이 책을 마무리하면서 나는 용서와 관련해서 어쩌면 독자들이 가장 불편해 할 수도 있는 지점을 들여다보고자 한다. 독자들도 충분히 확인할 수 있었던 바와 같이, 나는 위에서 가해자의 사과(회개)를 조건으로 피해자의 용서가 시작되어야 한다는 원칙과 그것이 성경적이라는 주장을 일관되게 제시해 왔다. 하지만 그 원칙이 성경적이라는 일관된 제시에도 불구하고 나는 그 원칙이 용서와 관련하여 성경이 말하고자 하는 핵심은 아니라고 생각한다. 그 원칙은 단지 핵심을 떠받치는 모태에 불과하다. 용서와 관련해서 성경이 정말 교훈하고자 하는 것은 다음 질문과 관계가 깊다. 즉, '가해자가 진심으로 사과(회개)할 때, 바로 그때 우리는 그를 기꺼이 용서해 주고 있는가?'라는 질문 말이다. 바로 이 지점이 불편하다. 가해자가 뻔뻔한 태도를 취하는 것이 아니라 진심으로 미안해 하며 사과하고 있을 때조차 결단코 용서하지 않겠다는 마음자리 말이다. 아니 가해자를 용서하고 싶지 않아서 그가 사과하러 오지 않았으면 하는 마음자리…. 이 마음자리는 용서의 문을 향해 서 있는 마음이 아니라 용서에 등을 돌린 싸늘한 마음자리이다. 위에서 지적했듯이 가해자를 무조건 용서하겠다는 마음 자세도 잘못된 자세이지만, 용서를 구하며 사죄하는 자를 용서하지 않겠다고 하는 '닫힌 마음의 자세'(강퍅한 마음)도 문제다. 그 지점이 어쩌면 기독교인들이 자신을 정직하게 들여다보는 것을 불편해하는 이유일 수 있다.

요나와 용서("네가 성내는 것이 옳으냐?")

내가 미국에서 유학생으로 공부하고 있었을 때, 두 딸을 일주일에 한 번씩 열리는 어와나 성경공부 모임(AWANA)에 데려가곤 했었다. 초등학생들이 주일 예배 외에 일주일에 한 번씩 모여서 별도의 성경공부를 진행하기도 하고, 공동체 게임도 하는 신앙교육 모임이었다. 봉사자들을 포함해 약 300명 이상이 모였고, 학교 교실과 체육관을 빌려서 정기적으로 진행되는 체계적인 모임이었다. 나는 아이들을 안으로 들여보낸 후 2~3시간 동안 건물의 빈 공간을 찾아서 책을 읽으며 기다리든지 아니면 아이들이 성경 공부하는 모습이나 즐겁게 뛰노는 모습을 흐뭇하게 지켜보곤 했었다. 그러던 어느 날 아이들의 성경공부를 위해 비치해 놓은 얇은 성경공부 교재를 매우 흥미롭게 들춰 보았던 적이 있다. 구약성경의 요나서였는데, 각 장의 본문과 배경 설명, 핵심 교훈과 관련 구절들로 이어지는 깔끔한 구성이 매우 인상적이었다. 특별히 요나서 4장의 핵심 내용을 꽤 자세하게 담아 놓고 있어서 그 자리에서 처음부터 끝까지 다 읽었던 기억이 난다.

요나서의 핵심 장은 어디인가?

대부분의 한국 기독교인들이 요나서를 읽을 때 주로 요나서 1

장-3장의 내용—즉, 요나가 니느웨로 가서 회개의 메시지를 선포하라는 하나님의 명령에 불순종하고 다시스로 가다가 물고기 뱃속에 들어가게 되었고, 거기서 기도한 후 니느웨로 가서 회개의 메시지를 선포하였더니 니느웨 사람들이 자신의 죄악을 깨닫고 회개했다는 내용—에만 집중하는 반면, 그 성경공부 교재에는 요나서 4장의 내용이 쉬우면서도 자세히 설명되어 있었다. 어떤 점에서 요나서 4장은 요나서의 핵심이 담겨 있는 장이기에 요나서를 읽을 때 가장 많은 심혈을 기울여야 하는 장일 수 있다. 그러나 아이러니하게도 요나서 4장은 우리 모두에게 가장 불편한 본문일 수도 있다.

요나서는 네 장으로 구성된 짧은 선지서이다. 내용은 시간의 흐름에 따라 순차적으로 전개된다. 1장에는 요나가 니느웨로 가서 회개의 메시지를 선포하라는 하나님의 명령을 저버리고 반대 방향인 다시스로 가는 배를 타고 가다가 풍랑을 만나 바다에 빠져 큰 물고기 뱃속에 갇히게 되었다는 내용이 전개된다. 2장은 그 물고기 뱃속에서 요나가 했던 기도 내용을 기록하고 있고, 3장에는 하나님의 명령을 재차 위임받은 요나가 니느웨로 가서 회개의 메시지를 선포하였고, 그 결과로 니느웨 사람들이 회개하여 하나님이 원래 내리려 했던 재앙을 거두었다는 내용이 기록되어 있다. 그리고 마지막 4장은 니느웨를 용서하신 하나님에게 분개하는 요나를 그리고 있다. 이렇게 요나서 1장부터 4장까지 쭉 펼쳐 놓고 보면, 요나서 4장은 없어도 될 것 같은 내용, 즉 약간의 군더더기처럼 보인다. 1장에 있는 요나의 불순종과 역경, 2장의 요나의 기도, 그리고 3장의 재차 위임받은 요나와 니느웨의 회개, 그리고 끝. 즉 불순종했던 요나가 하나님의 말씀을 선포하여 결국 니느웨가 회개하게 되었고 하나님의 심판이 임하지 않게 되었다는 해피엔딩으로 끝나도 좋을 스토리라인이라는 것이다. 아니 그렇게 끝나면 다른 성경의 기본적인 전개 방식(불순종→고난[고통]→회개→회복[평안])과 일치한다고 볼 수 있다. 다시 말해서, 요나서 4장은 무엇인가를 더 말하기 위해 의도적으로 덧붙여 놓은 듯한 인상을 준다.

이런 구성상의 특징을 염두에 둔 듯 EVS 성경은 흥미로운 요나서 구조를 제시한다(Lane T. Dennis and Wayne Grudem, eds, The ESV Study Bible, 1686). 즉, 요나서는 총 일곱 개의 에피소드로 구성되어 있는데, 요나서 4장 5-11절을 제외한 여섯 에피소드가 서로 상응하는 특징을 갖고 있다는 것이다.

이 도표를 학술적으로 설명하는 것은 이 책의 본질적인 목적과 어울리지 않을 것이다. 하지만 이 도표를 근거로 요나서의 핵심 메시지가 어디 놓여 있는가를 언급하는 것 정도는 괜찮을 것이라고 생각한다. 독자들도 확인할 수 있듯이 요나서의 전체 구성이 (1)과 (4), (2)와 (5), 그리고 (3)과 (6)이 주제 차원에서 서로 상응하고 있는 것을 볼 수 있다. 이것은 요나서가 매우 주도면밀하게 구성되어 있다는 것을 보여준다. 그런데 이 구조에 따르자면 요나 서의 핵심은 (7)이 되는 것이고, 그 에피소드가 요나서의 절정이고 핵심이라고 할 수 있다.

내가 어찌 아끼지 않겠느냐?

요나서의 핵심 내용(욘 4:5-11)에 집중해야 하겠으나 독자들의 이해를 돕기 위해 요나서 4장 1-4절의 내용도 함께 생각해 보고자 한다. 흥미롭게도 요나서 4장은 요나가 하나님께 화를 내는 장면으로 시작한다: "요나가 매우 싫어하고 성내며"(1절). 개역개정은 이렇게 번역하고 있지만, 공동번역은 "요나는 잔뜩 화가 나서 통명스럽게"라고 번역하고 있고, 표준성경은 "요나는 이 일이 매우 못마땅하여, 화가 났다"라고 옮겨 놓았다. 히브리어 원문을 고려한다면, 개역개정보다 공동번역과 표준번역이 더 적절한 번역으로 다가온다. 간단히 말해서, 요나는 하나님께 정말 화가 났고 불쾌해하고 있다는 것이다.

요나의 분개

왜 그랬을까? 요나는 왜 그렇게 기분 나빠 했던 것일까? 두 개의 단서를 통해 그 이유를 추정해 볼 수 있다. 하나는 1절('요나가 매우 싫어하고 성내며')의 히브리어 원문에 있는 접속사를 통해 그 이유를 가늠해 볼 수 있다. 1절의 시작 부분에는 히브리어 접속사 '바브'라는 것이 쓰였는데, 이 '바브'는 문맥에 따라 '그리고'(연속형 바브) 혹은 '그러나'(분리형 바브)로 번역된다(물론 번역이 생략되기도 한다). 요나서 4장 1절에 사용된 접속사 '바브'의 형태는 '연속형 바브'이지만, 문맥상 '그리고'보다는 '그러나'로 번역되는 것이 적절해 보인다(ESV, NIV, NRSV). 따라서 여기에 사용된 '바브'는 앞의 내용과 대조적인 내용을 소개하고 있다고 보면 된다. 따라서 개역개정 번역에다 '그러나'를 첨부하여 번역하면, '그러나 요나가 매우 싫어하고 성내며'가 된다. 이것은 요나의 분냄이 앞에서 전개된 내용—즉, 니느웨 사람들이 악에서 돌이켜 회개하였음으로 하나님이 내리고자 했던 재앙을 내리지 않게 되었다는 내용(욘 3:10)—과 직접적으로 연결되어 있다는 것을 의미한다. 니느웨 사람들이 악에서 떠났고, 하나님의 심판 계획이 수정되어 재앙이 임하지 않게 되었으니 이보다 더 좋은 일이 또 어디 있단 말인가! 그러나 이런 상황과는 대조적으로 요나는 그 되어진 모든 상황을 불쾌하게 생각했다. 고국의 원수인 니느웨 사람들은 회개하지 않았어야 했고, 따라서 하나님의 심판이 원래대로 그들에게 임했어야 했는데 그렇게 진행되지 않았기 때문이다. 사실 요나는 하나님의 미션을 처음 받았을 때 이렇게 진행될 것 같아서 니느웨로 가지 않고 다시스로 갔던 것이다(욘 1:1-3; 4:2a): "내가 고국에 있을 때에 이러하겠다고 말씀하지 아니하였나이까? 그러므로 내가 빨리 다시스로 도망하였사오니."

뿐만 아니라 요나는 하나님이 어떠한 분인가를 잘 알고 있었다. 즉, 회개하고 용서를 구하는 자들(악했지만 회개한 니느웨 사람들)에게 자비를 베풀어 주시는 분이라는 것을 너무 잘 알고 있었다. 이것이 요나가 그렇게 분낸 이유에 대한 두 번째 단서가 된다.

여호와께 기도하여 이르되 여호와여 내가 고국에 있을 때에 이러하겠다고 말씀하지 아니하였나이까 그러므로 내가 빨리 다시스로 도망하였사오니 주께서는 은혜로우시며 자비로우시며 노하기를 더디하시며 인애가 크시사 뜻을 돌이켜 재앙을 내리지 아니하시는 하나님이신 줄을 내가 알았음이니이다 (욘 4:2).

요나는 하나님을 '은혜로우시며 자비로우시며 노하기를 더디하시며 인애가 크시사 뜻을 돌이켜 재앙을 내리지 아니하시는 하나님'으로 알고 있었다. 이것이 하나님에 대한 그의 신인식(神認識)이다. 이 표현은 출애굽기 34장 6-7절에 등장하는 말씀으로 하나님의 속성을 드러내는 대표적인 표현들 가운데 하나이며, 길게 설명할 필요가 없는 내용이다. 쉽게 말해서, 하나님은 사랑의 하나님이시라는 것이다. 자비와 은혜가 많으셔서 그 어떤 악인이라도 회개하기만 하면 용서하시는 분이 하나님이라는 것이다. 요나는 하나님을 그렇게 인식하고 있었고, 그 인식은 분명 옳다고 말할 수 있다. 그러나 요나에게 그 사랑의 하나님은 이스라엘만의 하나님이어야만 했다. 그 사랑의 하나님은 요나만의 하나님이어야 했다. 하나님의 사랑이 이방인들에게, 그것도 자신들의 원수인 니느웨 사람들에게까지 임하는 것을 받아들일 수 없었던 것이다. 이것 때문에 요나는 하나님에게 화가 났던 것이다. 설마 했는데 역시나 하나님은 요나의 원수들까지 용서하셨던 것이다. 요나는 그런 하나님에게 화가 났던 것이다. 하나님은 이런 요나에게 "네가 성내는 것이 옳으냐?"라고 질문을 던지시는데(욘 4:4), 이 질문(수사의문문)은 요나의 분냄이 옳지 않다는 것을 말해 준다.

박넝쿨과 벌레

요나는 그런 하나님이 마뜩잖았고 화가 났다. 그래서 그는 니느웨 성읍 동쪽에 자리를 잡고 초막을 지은 다음 상황이 어떻게 전개될 것인지를 지켜보고자 했다(욘 4:5). 이때 하나님은 요나에게 뜨거운 햇빛을 피할 수 있는 그늘을 만들어 주기 위해 박넝쿨을 예비하셨고, 요나는 그것으로 인해 감사해 하고 행복해 했다: "요나가 박넝쿨로 말미암아 크게 기뻐하였더니"(욘 4:6b). 뜨거운 햇빛 아래에서 잠시 머무는 것은 어렵지 않겠지만, 장시간 머무는 것은 분명 고통스러운 일이었을 것이다. 그러니 보잘것없는 박넝쿨이었지만 당장 그에게는 귀중한 존재였다. 그런데 다음 날 하나님은 요나에게 벌레를 보내어 그 박넝쿨을 갉아먹게 하였고 전날 주어졌던 그늘은 어느새 온데간데없이 사라지게 되었으며 뜨거운 동풍까지 보내어 요나는 더 이상 견딜 수 없게 되었다. 그때 그는 혼미하여 스스로 죽기를 바라면서 "사는 것보다 죽는 것이 내게 나으니이다"라며 탄식한다(욘 4:8). 보잘것없는 식물이었지만 요나는 자신에게 그늘을 제공했다는 이유로 그 박넝쿨을 기뻐하며 소중한 것으로 아꼈는데, 그것이 사라지자 요나는 죽기를 바랐던 것이다. 니느웨 사람들의 회개로 하나님이 그들을 용서해 주신 것에 대해 화를 내더니, 이번에는 자신에게 그늘을 제공했던 박넝쿨이 말라비틀어지자 또다시 하나님께 화를 내고 있는 것이다.

"내가 어찌 아끼지 않겠느냐?"와 요나의 불편함

요나의 그런 강퍅한 마음을 향해 하나님은 이렇게 말씀하신다:

네가 수고도 아니하였고 재배도 아니하였고 하룻밤에 났다가 하룻밤에 말라 버린 이 박넝쿨을 아꼈거든 하물며 이 큰 성읍 니느웨에는 좌우를 분변하지 못하는 자가 십이만여 명이요 가축도 많이 있나니 내가 어찌 아끼지 아니하겠느냐 하시니라(욘 4:10-11).

하나님의 논리는 시원하고 명쾌하다. 요나가 하룻밤 있다가 말라 버린 박넝쿨을 그토록 아꼈던 것처럼, 하나님이 어린아이를 포함하여 좌우를 분변하지 못하는 십이만여 명 되는 사람들(니느웨 사람들)을 아끼는 것은 너무도 당연하다는 것이다. 박넝쿨과 니느웨(십이만여 명이 살고 있는 도시)를 같은 선상에 놓고 비교하는 것 자체가 우스꽝스러운 일이지만, 하나님은 그 우스꽝스러운 비교를 통해서 회개한 자들에 대한 자신의 사랑과 용서를 선언하신 것이다. 단지 그것을 받아들이려 하지 않는 한 사람(요나)만 있을 뿐이다.

요나는 하나님이 용서하신 니느웨를 용서하지 못하겠고, 원수를 그렇게 용서하신 하나님이 미운 것이었다. 바로 이 지점이다. 이 지점이 불편한 지점이다. 가해자가 회개했고 용서를 구했으니 용서를 해 주기만 하면 되는데 미운 감정 때문에, 자존심 때문에, 받은 상처 때문에 용서를 하지 못하는 것이다. 용서에 대한 성경적인 원칙을 몰라서 용서를 못하는 것이 아니라, 때로는 용서의 원칙을 알면서도 용서하지 못하는 것이다. 이 지점에 이르면, '용서에 대한 성경적인 가르침을 알면 무엇 하겠는가?'라는 냉소 섞인 질문을 되뇔 수도 있을 것이다. 이 지점이 불편한 것은 용서에 대해 알면서도 용서하지 못하는 자신의 모습을 정면으로 마주하기 싫기 때문이다. 가해자가 "미안하다"라며 사과하지 않았기 때문에 그를 용서하지 않는다면 피해자는 할 말이 있을 것이다: "그가 사과하지 않는데, 용서를 구하지 않는데, 무엇을 용서한다는 말인가요? 속으로 '그래요, 용서할게요'라고 독백이라도 할까요? 그러면 용서가 되는 건가요?" 그러나 우리를 진짜 불편하게 하는 것은 가해자가 진심으로 용서를 구하고 있는데도 용서하고 싶지 않은 마음의 상태인 것이다.

십자가 사건, 그리고 하나님의 공의와 사랑

우리가 생각해야 할 지점은 분명하다. 가해자의 사과(회개)를 전제로 용서가 진행되어야 한다는 성경적 원칙은 분명하게 확인했으나, 문제는 가해자가 진심으로 사과(회개)할 때 당신은 정말 기꺼이 그를 용서하는가라는 지점이다. 그 용서 행위가 여전히 불편하다고 느껴질 때, 좀 더 정확히 말해서, 가해자가 자신의 잘못을 진정으로 뉘우치고 피해자인 당신을 직접 찾아와서 "미안하다"며 용서를 구하고 있음에도 불구하고 당신의 마음이 여전히 미움과 분노로 가득

차 있다면, 그때는 어찌하면 좋단 말인가?

　나는 이 불편한 지점 어딘가에 서 있는 독자들에게 예수 그리스도의 십자가를 깊이 묵상해 볼 것을 권하고 싶다. 우리가 십자가 사건을 깊이 묵상할 때, 비로소 우리는 하나님의 신비한 속성과 마주하게 된다. 즉, 죄인을 구원하시기 위해 자신의 독생자 예수를 십자가에 달아 죽이실 만큼 죄에 대해 공의의 하나님이시라는 것과 동시에 아들을 우리에게 보내실 만큼 사랑의 하나님이시라는 것을 깨달을 수 있기 때문이다. 이 과정을 천천히 밟아 가면서 자신의 거대한 죄악(일만 달란트)이 어떤 고통스러운 과정을 거쳐서 용서함을 받았는가를 확인해 보는 것이다. 그렇게 함으로써 용서를 구하고 있는 자(백 데나리온 빚진 자)에게 용서의 손을 내밀 수 있기를 기대해 보는 것이다. 나는 용서가 아직 불편한 상태에 있는 독자들의 마음 위에 무거운 돌덩어리 하나를 억지로 올려놓고 싶지도 않고 거칠게 몰아붙이고 싶지도 않다. 아니 그렇게 용서를 강제해서도 안 된다고 생각한다. 하지만 일주일이 걸려도, 아니 일 년이 걸려도 마음속 깊이 뿌리박힌 미움과 증오가 봄눈처럼 녹아내릴 때까지, 성령의 인도하심을 받으며 십자가 사건을 깊이 묵상해 보는 것이다. 아래에서 나는 독자들이 이 중요하고도 거룩한 주제(십자가 사건)를 묵상할 수 있도록 길라잡이 역할을 해 볼 것이다.

십자가 위에 임한 하나님의 진노

예수님의 고난과 십자가 처형은 외견상 당대 종교 지도자들과 로마인들의 손에 의해 진행되고 집행됐다. 예수님은 대제사장과 백성의 장로들이 보낸 무리에게 잡혀 공회로 끌려갔고, 그곳에 모여 있던 대제사장 가야바와 서기관들과 장로들은 예수님을 처형할 증거를 찾고자 질문을 던졌다: "네가 하나님의 아들 그리스도인지 우리에게 말하라!" 이 질문에 예수님은 "네가 말하였도다"라고 답함으로써 예수님 자신이 하나님이심을 밝히셨다. 하지만 이 대답으로 인해 예수님은 다음 날 새벽, 당시 총독이었던 빌라도에게 넘겨졌다. 속전속결의 불의한 재판을 거쳐 본디오 빌라도는 예수님을 군병들에게 또다시 넘겨 주었고, 결국 십자가에 달아 처형했다. 이처럼 십자가 위에서의 예수님의 죽음은 인간의 손을 이리저리 거쳐 가면서 집행되었다.

하지만 십자가 사건은 사실상 하나님의 공의에 따라 진행된 죄에 대한 심판이자 처형이었다. 즉, 십자가는 죄에 대한 하나님의 공의의 진노가 온전히 쏟아부어졌던 장소였다. 그런 예수님의 모습을 내다보았던 세례 요한은 그가 자신에게 다가오는 것을 보고서 "보라! 세상 죄를 지고 가는 하나님의 어린 양이로다"라고 외쳤다(요 1:29, 36). 죄를 속죄하기 위해 드려진 희생제물을 염두에 둔 고백이었다.

예수님은 제자들과 함께했던 마지막 만찬에서 '잔'에 붉은 포도주를 따라 마시면서 새 언약을 세우셨다. 그 붉은 포도주는 하나님의 진노로 인해 흘리게 될 예수님의 피를 상징했다. 또한 십자가를 앞두고 땀이 피가 되도록 했던 간절한 기도의 내용은 하나님의 진노를 상징하는 '잔'과 관련된 것이었다.

> 아버지여! 만일 아버지의 뜻이거든 이 잔을 내게서 옮기시옵소서! 그러나 내 원대로 마시옵고 아버지의 원대로 되기를 원하나이다(눅 22:42).

잘 알려진 대로 예수님은 대제사장들과 백성의 장로들이 보낸 무리에 의해 잡히시기 전날 밤 겟세마네에서 이렇게 간절히 기도했다. 이 기도 내용은 공관복음서에 모두 기록되어 있지만(마 26:36-46; 막 14:32-42; 눅 22:39-46), 조금씩 다르게 묘사되어 있다. 누가복음과 마가복음에 따르면, 예수님은 '잔'을 옮겨 달라는 기도를 각각 한 번씩 드렸던 반면(막 14:36; 눅 22:42), 마태복음은 세 번에 걸쳐 기도했다고 기록한다(마 26:39, 42, 44). 마태복음의 기도를 인용하자면, 처음에는 "내 아버지여! 만일 할 만하시거든 이 잔을 내게서 지나가게 하옵소서. 그러나 나의 원대로 마시옵고 아버지의 원대로 하옵소서!"라고 기도했고(마 26:39), 두 번째 기도에는 "내 아버지여! 만일 내가 마시지 않고는 이 잔이 내게서 지나갈 수 없거든 아버지의 원대로 되기를 원하나이다"라고 기도했다(마 26:42). 그리고 세 번째에는 단지 동일한 기도를 드렸다는 것으로 기록되어 있다(마 26:44). 성경에서 '잔'은 구원(시 116:13)과 진노(사 51:17; 욥 21:20; 겔 23:32-34)를 상징하는 데 예수님의 겟세마네 기도에서 표현된 '잔'은 의심의 여지없이 죄에 대한 하나님의 엄위한 진노를 상징한다. 예수님조차 그 진노에 대해 공포와 두려움을 느끼셨던 것으로 보이며, 더 정확하게는 하나님의 진노와 심판이 가져올 유기(遺棄)를 피하고 싶으셨던 것으로 보인다.

앞서 언급했던 것처럼 예수님은 마지막 만찬에서 '잔'에 자신의 피를 상징하는 포도주를 따라 제자들과 함께 마시면서 새 언약을 세우셨다. 그들이 입으로 마신 것은 문자적으로는 달콤하면서도 텁텁한 포도주였겠지만, 그것은 하나님의 진노가 오롯이 부어졌던 십자가 위에서 흘린 예수님의 거룩한 피였다. 알란 스팁스는 '피는 끔찍하게 처단된 생명의 가시적 표식, 즉 죽음을 통해 주어지거나 취해진 생명을 의미한다'고 설명한다. 더 나아가 그는 그와 같이 생명을 주거나 취하는 것은 이 세상에서 최고의 값을 주는 것이나 가장 극단의 처형을 의미한다고 설명한다(Alan Stibbs, *The Meaning of the Word Blood*, 30). 따라서 이 세상에서 드릴 수 있는 가장 큰 제사는 자신의 피(생명)를 드리는 제사이고(요 15:13), 이 세상에서 가장 중대한 범죄는 피(생명)를 취하는 것이며, 이 세상에서 가장 무서운 처형 역시 피

(생명)를 취하는 것이다. 다시 말해서, 잔(cup)과 피 모두 죄에 대한 하나님의 공의의 심판과 연결되어 있고, 예수님이 달린 십자가와 그 위에서 흘린 피를 가리킨다(벧전 2:24).

혹자들은, 특별히 하나님의 사랑에 관해서만 들어오던 기독교인들은 이런 하나님의 모습에 당혹스러울 수도 있다. 사랑의 하나님이 어찌 그토록 참혹한 진노의 심판을 내리실 수 있느냐며 '진노의 하나님' 앞에서 당혹스러워 한다. 이런 질문에 대해 존 스토트는 "우리는 하나님을, 악을 '형벌'하거나 '심판'하는 분으로 생각할 수 있을까? 그렇다. 우리는 그렇게 생각할 수 있고, 또한 그렇게 생각해야 한다. 실로 십자가의 본질적인 배경은, 인간의 죄, 책임, 그리고 죄책뿐만 아니라 이런 것들에 대한 하나님의 의로운 반응, 곧 그의 거룩과 진노도 포함되는 것이다"라고 말한다(존 스토트, 『그리스도의 십자가』, 128). 하나님을 심판하시는 하나님으로 생각할 수 있으며, 아니 그렇게 생각해야 한다. 이것은 매우 정확한 지적이다. 하나님은 사랑의 하나님이시지만, 공의의 하나님이시다.

놀라운 것은 하나님의 그러한 진노가 원래는 죄인인 우리 각자에게 주어져야 했다는 점이다. 다시 말해서, 그 진노는 우리 각자가 감당해야 했던 몫이었다. 사도 베드로는 "그리스도께서 단번에 죄를 위하여 죽으사 의인으로서 불의한 자를 대신하셨으니 이는 우리를 하나님 앞으로 인도하려 하심이라. 육체로는 죽임을 당하시고 영으로는 살리심을 받으셨으니"(벧전 3:18)라고 했고, "친히 나무에 달려 그 몸으로 우리 죄를 담당하셨으니 이는 우리로 죄에 대하여 죽고 의에 대하여 살게 하려 하심이라. 그가 채찍에 맞음으로 너희는 나음을 얻었나니"(벧전 2:24)라고 선언했다. 즉, 예수님이 십자가 위에 달려 하나님의 진노의 잔을 마신 것은 원래 우리에게 임했어야 했던 하나님의 진노와 심판이었다. 따라서 예수님의 죽음을 '대속의 죽음'이라고 부르는 것이다. 사도 바울은 고린도후서 5장 21절에 같은 취지로 다음과 같이 말한다: "하나님이 죄를 알지도 못하신 이[예수 그리스도]를 우리를 대신하여 죄로 삼으신 것은 우리로 하여금 그 안에서 하나님의 의가 되게 하려 하심이라".

값으로 따질 수 없는 무거운 죄를 예수님이 대신 십자가에서 지시고 하나님의 진노를 감당하신 것이다. 우주의 창조자 되시는 하나님의 독생자 예수님을 십자가에 못 박아 죽이는 것을 통해 하나님의 진노를 드러낼 만큼 우리 죄가 컸던 것이다. 저울에 무게를 재 볼 수 없고, 줄자를 대서 그 크기를 가늠해 볼 수 없으며, 이성의 촉수가 미치지 못할 만큼 우리의 죄는 거대하고 깊다. 〈용서할 줄 모르는 종 비유〉(마 18:23-35)에서 임금(주인)에게 일만 달란트의 빚을 탕감 받은 자가 자신에게 백 데나리온 빚진 자를 용서하지 못하고 감옥에 가두었다는 비유를 읽을 수 있다. 여기서 일만 달란트는 앞에서 한번 언급했던 것처럼 일반 노동자가 약 20만 년 동안 일해야 모을 수 있는 금액이다. 현실적으로 만져 보거나 볼 수 없는 실로 터무니없 는 금액인 것이다. 이런 터무니없는 금액은 우리의 죄가 터무니없이 크다는 것을 말하는 것이며, 그 터무니없는 금액을 탕감받았다는 것 은 터무니없이 큰 우리의 죄를 용서받았다는 것을 의미한다.

독자들은 이 지점에서 오래 머물러 있어야 한다. 터무니없이 크 고 거대한 죄를 먼저 사함받았다는 사실에 깊이 잠겨야 한다. 터무 니없이 엄청난 금액의 빚을 탕감받았다는 사실을 깊이 묵상하는 것 이다. 용서받은 자로서의 자신의 실존을 반복해서 되새김질하는 것 이다. 이것은 강제가 아니라 제안이다. 만일 당신이 용서를 구하고 있는 가해자를 용서하고 싶지만 여러 가지 이유로 아직 용서하지 못 하고 있다면, 터무니없을 정도로 끔찍하고 심각했던 자신의 죄가 십 자가에 부어진 하나님의 공의의 심판(예수 그리스도의 죽음)을 통해 용 서함 받았다는 사실 자체를 깊이 묵상해야 한다. 그것이 출발점이 될 수 있다.

〈용서할 줄 모르는 종 비유〉(마 18:23-35 = 일만 달란트 빚진 자 이야기) 를 반복해서 묵상해 보자. '진심으로 미안하다'며 직접 찾아와 용서 를 구하는 가해자를 우리가 용서하지 못하고 있다면, 우리는 우리가 받은 용서가 얼마나 큰 것이었는가를 머리와 가슴으로 인식하지 못 하고 있을 가능성이 매우 높다. 마음속에 분노와 증오가 여전히 뜨 겁게 불타오르고 있어도, 아직 용서의 문을 열 준비가 되어 있지 않아도, 진심으로 용서를 구하기 위해 찾아온 그를 보면 마음속이 차디찬 냉기로 싸늘해져도, 이 비유를 계속 묵상해 보자. 우리가 하나님께 터무니없이 큰 죄악으로 해를 가했던, 그러나 감사하게도 용서를 받았던 '가해자'였음을 정직하게 들여다보자. 혹시 주님께서 "도대체 얼마나 더 너의 죄를 용서해 주어야 너도 그 사람의 잘못을 용서해 주겠니?"라고 질문하실지 모른다.

십자가 위에 임한 하나님의 사랑

위에서 짧게 살펴본 것처럼 예수 그리스도의 십자가 사건은 죄에 대한 하나님의 공의를 가장 선명하게 보여주는 사건이다. 죄에 대해 준엄한 하나님의 공의의 모습을 보여주며, 악에 대해 조금의 융통성도 발휘하지 않는 엄위한 하나님의 속성을 보여준다. 동시에 예수 그리스도의 십자가 사건은 역설적이게도 죄인을 향한 하나님의 사랑이 얼마나 지극한가를 보여주는 사건이기도 하다. 하나님은 자신의 독생자 예수를 저주의 나무 십자가 위에 못 박아 죽일 만큼 우리 죄인들을 사랑하셨기 때문이다. 그런 점에서 '그리스도의 십자가는 하나님의 공의와 사랑이 신비로운 방식으로 만난 자리'라고 말할 수 있다.

사도 바울은 "그리스도께서 우리를 위하여 저주를 받은 바 되사 율법의 저주에서 우리를 속량하셨으니 기록된 바, '나무에 달린 자마다 저주 아래에 있는 자라' 하였음이라"(갈 3:13)고 기록하고 있다. 이것은 신명기서의 한 대목을 염두에 둔 것으로 신명기 21장 22-23절에 따르면, 범죄자가 나무에 달려 처형돼 죽게 되었을 경우 그 시체는 하나님의 저주를 받은 것으로 간주되었고, 저주받은 자의 피가 땅에 떨어져 땅을 더럽히는 일이 발생하지 않도록 해가 지기 전에 땅에 묻혀야 했다(신 21:22-23; 수 8:29; 10:26-27):

> 사람이 만일 죽을 죄를 범하므로 네가 그를 죽여 나무 위에 달거든 그 시체를 나무 위에 밤새도록 두지 말고 그 날에 장사하여 네 하나님 여호와께서 네게 기업으로 주시는 땅을 더럽히지 말라 나무에 달린 자는 하나님께 저주를 받았음이니라(신 21:22-23).

사도 바울은 나무에 매달린 채 공개 처형당한 범죄자의 시체가 하나님의 저주를 받은 것처럼, 나무 십자가에 달려 공개 처형당한 예수님이 우리를 대신하여 하나님의 저주를 받은 자가 되어 우리를 속량했다고 말하는 것이다. 즉, 예수 그리스도는 우리를 대신하여 하나님의 저주를 받은 자가 되었고, 우리를 대신하여 공개적인 수치를 견뎌야 했다. 예수 그리스도는 그렇게 자신의 생명을 우리의 속량을 위해 내어 주신 것이다.

왜 그러신 것일까? 그것은 그가 죄인 된 우리를 그만큼 사랑했고 우리에게 영원한 생명 주시기를 원했기 때문이다. 예수님은 요한복음 3장 16절에서 "하나님이 세상을 이처럼 사랑하사 독생자를 주셨으니"라고 기록하고 있고, 요한복음 15장 13절에서는 "사람이 친구를 위하여 자기 목숨을 버리면 이보다 더 큰 사랑이 없나니"라고 언급한다(참조. 요 10:11). 이 세상에서 사랑이라고 불릴 수 있는 행위들이야 많고도 다양할 수 있겠지만, 사랑의 대상이 누구이든지간에—연인, 친구 등—그를 위해 '생명'을 내던질 만큼의 사랑이라면, 분명 그보다 더 큰 사랑은 없을 것이다. 위에서 알란 스팁스의 말을 인용했듯이, 피는 곧 생명이다. 십자가에서 피 흘려 자신을 내어 준 사랑이라면, 분명 그보다 더 큰 사랑은 찾을 수 없을 것이다. 사도 바울은 이와 같은 예수님의 사랑을 빌립보서에서 다른 식으로 표현하기도 했다:

> 그는 근본 하나님의 본체시나 하나님과 동등됨을 취할 것으로 여기지 아니하시고 오히려 자기를 비워 종의 형체를 가지사 사람들과 같이 되셨고 사람의 모양으로 나타나사 자기를 낮추시고 죽기까지 복종하셨으니 곧 십자가에 죽으심이라(빌 2:6-8).

'사랑'이라는 것은 언어적이든 비언어적이든 밖으로 표현되어야 한다. 그렇지 않으면 상대방은 그 사랑을 전혀 알 수도 없고 느낄 수도 없다. 따뜻한 말 한마디, 작고 소박한 선물, 친절한 행동과 따뜻한 배려 등 청각적이든 시각적이든, 어떤 식으로든 표현되어야 사랑의 마음은 상대방에게 비로소 전달된다. 사랑을 표현하는 방식들 가운데서 가장 강력한 표현 방식은 희생과 죽음이며, 희생과 죽음이 가장 선명하게 구현된 곳이 바로 골고다 언덕의 십자가이다. 요한복음 3장 16절은 "하나님이 세상을 이처럼 사랑하사 독생자를 주셨으니"라고 말씀하고 있는데, 그 사랑은 골고다 언덕의 십자가 위에서 예수님이 당하신 고통과 수치, 유기와 죽음을 통해 가장 선명하게 드러난다. 사도 바울은 이 사랑을 기록하면서 "우리가 아직 죄인 되었을 때에 그리스도께서 우리를 위하여 죽으심으로 하나님께서 우리에게 대한 자기의 사랑을 확증하셨다"(롬 5:8)라고 선언한다.

주님의 사랑의 표현 방식과 관련해서 십자가보다 더 분명하고 명징한 말씀이 어디 있는가? 존 스토트가 "우리는 사랑의 정의를 찾고자 할 때에 사전을 찾는 것이 아니라 갈보리를 바라보아야 한다"라고 말했는데, 매우 정확한 표현이 아닐 수 없다(존 스토트, 『그리스도의 십자가』, p. 266). 십자가를 바라보고 묵상할 때, 우리는 주님의 사랑의 깊이와 넓이를 조금이라도 깨달을 수 있으며, 마음의 빗장을 열어

제치고 용서를 향한 한 발짝을 내디딜 수 있을 것이다.

고통: 채찍질, 가시관, 십자가에 못 박힘

성경은 예수님이 여러 단계의 과정을 거치면서 극한의 고통을 당했다고 기록한다. 역설적이게도 이 고통은 요한복음 3장 16절에 있는 표현 '하나님이 세상을 이처럼 사랑하사'에 대한 예수님의 발자취이다. 이 발자취를 따라가는 여정은 예수님에 대한 빌라도 총독의 사형 선고로 시작하는 것이 좋겠다.

대제사장과 백성의 장로들이 예수님을 결박하여 당시 총독이었던 본디오 빌라도(Pontius Pilate)에게 넘겨 주었을 때, 빌라도는 이 문제를 복잡하게 만들고 싶지 않았던 것으로 보인다. 자신의 행정 조치에 따라 예수님의 생사가 갈리는 문제였지만, 빌라도는 사안의 내용 자체보다는 군중의 함성 소리에 귀를 더 많이 기울였다. 명절이되면 군중의 청을 따라 죄수 한 명을 사면하는 전례가 있어서 빌라도는 군중에게 당시 유명했던 죄수 바라바와 예수님 중 누구를 놓아주기를 원하느냐고 물었다. 이때 군중은 "바라바를 놓아주소서! 바라바를 놓아주소서!"라고 외쳤다. 빌라도는 광분한 무리 앞에서 "그럼 그리스도라 하는 예수를 내가 어떻게 하랴?"고 물었고, 무리는 "십자가에 못 박혀야 하겠나이다!"라고 목청을 높였다. 이 대답을 들은 빌라도는 혹여나 소요가 발생하지 않을까 염려하면서, 동시에 예수님이 무고하다는 것을 드러내고자 "이 사람의 피에 대하여 나는 무죄하니 너희가 당하라"라고 말하면서 손을 씻었다. 그리고 빌라도는 예수님을 채찍질하고 십자가에 못 박으라는 사형 선고를 내렸다.

예수님은 '브라이도리온'이라는 뜰 안으로 끌려 들어갔고(막 15:16), 군병들은 그에게 왕족을 상징하는 자색 옷을 입히고 가시관을 엮어 씌운 다음 "유대인의 왕이여!"라고 부르면서 조롱하고 침 뱉고 채찍질을 가했다(마 27:27-31; 막 15:6-20; 요 19:2-3). 그리고 예수님은 골고다 언덕에서 십자가에 못 박히심으로 죽임을 당했다. 나는 우리가 이 단계를 짧게라도 면밀히 들여다보면서 '하나님이 세상[우리를]을 이처럼 사랑하사'에 대한 예수님의 발자취를 묵상해 보았으면 좋겠다. 성령의 인도하심으로 인하여 용서를 구하고 있는 가해자에 대한 강퍅한 우리의 마음이 조금이라도 열리기를 기도한다.

로마 군병들은 예수님의 머리에 가시관을 씌우고, 갈대를 그의 오른손에 쥐어 준 다음 "유대인의 왕이여! 유대인의 왕이여!"라면서 무릎 꿇고 경배하며 낄낄거리며 희롱했다. 그중에는 예수님의 손에 들렸던 갈대를 빼앗아 예수님의 머리를 때리기도 했다(마 27:29-30). 자색 옷처럼 왕의 신분을 상징했던 이 가시관은 예수님 당시 예루살렘에서 자랐던 것으로 알려져 있는 '시리안 그리스도 가시 관목'(Syrian Christ Thorn)을 꺾어 얼키설키 엮어 만든 관이었다. 대부분의 그림에서 보듯이 가운데가 비어 있는 고리 모양의 관일 수도 있지만 머리 두피 전체를 뒤덮을 수 있는 관이었을 가능성도 있다. 분명한 것은 길이가 약 3~5cm에 이를 정도로 길고 날카로운 가시였기 때문에 로마 군병들이 얼키설키 엮어 만든 가시관을 예수님의 머리에 억지로 씌우려 했을 때 기다란 가시들이 그의 두피 가죽을 찢으며 뚫고 들어갔을 것이다. 머리 쪽에 있는 신경들에 가한 극심한 통증이 눈과 귀, 뺨과 입술 등에 전달되면서 예수님의 얼굴을 일그러뜨렸을 것이다(마 27:29).

로마 군병들에 의해 집행된 채찍질은 보통 형이 집행되던 중 죄수가 사망하게 되는 경우도 있을 만큼 고통스러운 형벌이었고, 어리석은 동물을 때리는 것보다 훨씬 심하게 때림으로써 채찍을 맞는 사람에게 모멸과 수치를 안겨주는 형벌이었다. 그래서 채찍질은 모든 종류의 형벌 가운데서도 가장 잔인한 방식의 형벌로 간주되기도 했다. 사용된 채찍은 플라그룸(flagrum)이라고 불렸는데, 20~30cm 길이의 채찍 끝에 적게는 서너 개, 많게는 서른아홉 개의 가죽띠가 매달려 있고 그 가죽띠 끝에는 금속(납)으로 만들어진 둥근 구슬들이나 양의 뼛조각 혹은 유리조각들이 묶여 있었다. 한두 명의 군병들이 예수님의 몸을 기둥에 묶고 발가벗긴 다음 그를 향해 채찍을 휘둘렀을 때, 가죽띠 끝에 달린 둥근 금속 구슬들 혹은 양의 뼛조각들이 살 깊은 곳까지 파고들어가 살집이나 핏줄, 신경과 근육 조직들을 잡아

당기며 뜯어냈다. 군병들은 예수님의 몸을 왼쪽에서 때리다가 반대편으로 움직이며 때렸다. 보통은 어깨에서 허리까지에 집중해서 때렸지만 머리와 몸과 다리 등 가리지 않고 채찍질을 가했기 때문에 뼈가 드러나기도 하고 상당량의 피가 흘러내렸을 것이다(전문가들은 약 125㎖의 피를 흘렸을 것이라고 한다). 따라서 구토와 기절도 간헐적으로 진행되었을 것이고 호흡 곤란도 발생했을 것이며 극심한 갈증을 겪었을 것이다. 예수님의 몸은 채찍질로 너덜너덜한 상태가 되었고, 그 주위는 붉은 피로 흥건하게 젖었을 것이다. 아니, 예수님의 몸 전체가 이미 붉은 피로 뒤범벅되었을 것이다. 유세비우스(Eusebius)는 어떤 죄수가 로마인들의 채찍을 맞게 되면 맞는 도중에 그 사람의 정맥이 드러나기도 하고 근육들과 힘줄들, 심지어 창자까지도 밖으로 들춰진다고 말한다(Lee Strobel, *The Case for Christ*, 195). 채찍을 맞는 동안 상상할 수 없는 통증이 예수님의 살과 뼈 마디마디를 치고 들어갔고, 대부분의 의료 전문가들이 증언하는 것처럼, 예수님은 이미 죽음 직전 단계에 있었다고 해도 과언이 아니다. 놀랍게도 이런 장면들을 내다보면서 구약성경의 이사야 선지자는 다음과 같이 기록한다:

> 그가 찔림은 우리의 허물 때문이요 그가 상함은 우리의 죄악
> 때문이라 그가 징계를 받으므로 우리는 평화를 누리고 그가

채찍에 맞으므로 우리는 나음을 받았도다(사 53:5)

나를 때리는 자들에게 내 등을 맡기며 나의 수염을 뽑는 자들
에게 나의 뺨을 맡기며 모욕과 침 뱉음을 당하여도 내 얼굴을
가리지 아니하였느니라(사 50:6)

심한 채찍질로 이미 죽음의 문턱에 다다른 예수님은 '해골'이라
고도 불렸던 골고다 언덕까지 약 600m의 거리(소위 '비아 돌로로사'[*via
dolorosa*])를 자신이 곧 못 박혀 죽게 될 약 50kg의 패티불럼(Patibulum)
이라고 불리는 수평 빔(horizontal beam)을 지고 올라가셨다(요 19:16-
17). 페르시아에서 만들어지고 로마 시대에 이르러 완전하게 보완된
십자가 처형은 최고의 고통과 수치를 동반했다. 예수님은 채찍질을
당했던 장소부터 십자가 기둥이 고정되어 있던 골고다 언덕까지 그
패티불럼, 즉 양옆으로 벌린 두 팔과 등 뒤로 묶인 빔을 지고 가야
했다(마 27:32-33). 채찍질로 예수님의 등은 속살이 훤히 드러난 상황
이라서 매우 민감한 상태였고, 양팔 뒤로는 수평 빔이 묶여 있었기
때문에 중심을 잃고 앞으로 넘어지게 될 경우 얼굴과 가슴이 동시에
땅바닥에 부딪히게 되는 상황이었다. 사실 건강한 청년이라면 50kg
의 빔을 짊어지고 600m 정도의 길을 가는 것은 힘이 들기는 해도 불
가능한 것은 아니다. 그러나 예수님은 채찍질로 이미 죽음 직전 상

태에 있었기 때문에 그 수평 빔을 지고 가는 것 자체가 힘들었을 것이다. 성경은 구레네 출신의 시몬이라는 사람이 예수님의 십자가 빔을 대신 지고 갔다고 기록한다(막 15:21-22).

골고다 언덕에 도착한 예수님은 완전히 발가벗겨진 상태가 되었고, 집행자들은 수평 빔에 예수님의 양팔을 묶은 상태에서 기다란 대못(약 13~18 ㎝)을 예수님의 팔목에 대고 박아 팔을 고정시켰다. 팔목은 중앙신경(median nerve)이 지나가는 지점이라서 그곳에 못을 박으면 온몸을 쥐어짜는 고통이 유발된다. 그 상태로 고정된 기둥(십자가 기둥)에 들어올려졌고, 못으로 고정시킨 다음 몸을 심하게 뒤틀어 두 발을 겹치고 복숭아뼈 아래로 대못을 박아 예수님의 몸을 고정시켰다. 한 번의 망치질로 못이 박히지 않기 때문에 여러 번에 걸쳐 망치질을 했을 것이다. 몸 전체 무게가 네 군데 박힌 못에 의지했기 때문에 그 고통은 상상을 초월했을 것이다.

채찍질과 십자가와 연관된 모든 고통은 죄인을 향한 예수님의 사랑을 보여주는 역설적 발자취이다. 예수님은 죄인을 사랑한다는 증표로 죄인에게 따뜻한 차를 내주거나 멋지고 근사한 선물을 주신 것이 아니라 저주와 고통의 십자가를 대신 지는 것을 선택하셨다. 죄인이 받아야 할 저주를 자신에게 쏟아붓는 것으로 사랑을 표현했으니 이 어찌 역설적이지 않은가?

버림받음

온 우주의 주인이자 만왕의 왕이신 예수님은 박수를 받으며 환영을 받아 마땅하셨지만 실제로는 그렇지 못했다. 요한복음의 저자 사도 요한은 그것을 이렇게 기록한다:

> 참 빛 곧 세상에 와서 각 사람에게 비추는 빛이 있었나니 그가 세상에 계셨으며 세상은 그로 말미암아 지은 바 되었으되 세상이 그를 알지 못하였고 자기 땅에 오매 자기 백성이 영접하지 아니하였으나(요 1:9-11).

사실 예수님은 세상의 환영을 받지 못했을 뿐만 아니라 오히려 버림을 받았다. 군중으로부터, 제자들로부터, 더 나아가 성부 하나님으로부터 버림을 받았다. 나는 독자들이 죄인을 향한 예수님의 사랑에 드러난 이와 같은 역설적인 상황을 묵상해 보기를 바란다.

예수님은 세례 요한이 죽었다는 소식을 들은 직후 디베랴의 갈릴리 바다 건너편으로 건너가 '오병이어'라고 불리는 놀라운 기적을 행하신 적이 있다. 그가 많은 환자들을 치유했다는 소문이 입에서 입으로 전해지면서 많은 사람들이 예수님을 따라다니게 되었는데(요 6:1-2), 문제는 종종 그들에게 먹일 음식이 없었다는 것이다. 하여 예수님은 제자들에게 음식을 구해 오라고 하셨지만 많은 군중을 먹이기 위해서는 적지 않은 돈이 필요했고 그들에게 줄 음식을 한 번에 준비하는 것 또한 쉽지 않은 일이었다. 그때 한 아이가 보리떡 다섯 개와 물고기 두 마리를 예수님께 가지고 나왔다. 예수님은 그 것으로 여자와 어린이 외에 오천 명을 먹이고도 열두 광주리를 남기는 기적을 행하셨다(마 14:13-21; 막 6:30-44; 눅 9:10-17; 요 6:1-14).

위에서 언급했던 것처럼 예수님은 많은 병자들을 치유하셨기 때문에 수많은 사람들이 그를 따르게 되었지만, 그가 행하신 오병이어 같은 기적 때문에도 많은 사람들이 그를 왕으로 섬기고자 했다. 요한복음 6장 15절에는 오병이어의 기적 직후에 군중의 생각이 어떻게 흘러갔는지를 알 수 있는 대목이 나온다:

그러므로 예수께서 그들이 와서 자기를 억지로 붙들어 임금으로 삼으려는 줄 아시고 다시 혼자 산으로 떠나가시니라(요 6:15).

예수님을 자신들의 왕으로 삼아야겠다는 것이 군중의 생각이었다. 병도 고쳐주고, 먹을 것도 공급해 주는 사람이 있다면 그 누가 그를 왕으로 삼고 싶지 않겠는가? 그러나 이 땅의 왕이 되는 것은 예수님이 가시려는 십자가의 길에 걸림돌이 되는 것이었다. 예수님이 광야에서 받은 마귀의 세 가지 시험 가운데 세 번째가 바로 이것과 연결된다. 마귀가 천하만국의 모든 영광을 보여주고서 "만일 내게 엎드려 경배하면 이 모든 것을 네게 주리라"며 예수님을 시험했다(마 4:9). 그 시험은 군중이 자신을 왕으로 삼고자 했을 때에도 예수님에게는 같은 유혹으로 다가왔을 것이다. 어쨌든 치유 능력, 말씀의 권능, 음식 공급의 기적 때문에 예수님은 많은 사람들로부터 관심과 인기를 받았다.

예수님의 인기가 최고 절정에 다다랐던 때는 아마도 그가 예루살렘 성전으로 올라갈 때였을 것이다(마 21:1-11; 막 11:1-11; 눅 19:28-40; 요 12:12-19). 예수님은 미리 예비된 나귀 새끼에 올라타고 예루살렘으로 들어가시는데 많은 사람들이 자기들의 겉옷을, 어떤 사람들은 들에서 벤 나뭇가지를 길 위에 깔아 놓고, 예수님을 앞서거니 뒤서거니 하면서 "호산나! 찬송하리로다. 주의 이름으로 오시는 이여! 오는 우리 조상 다윗의 나라여! 가장 높은 곳에서 호산나!"라며 환호했다(막 11:9-10). 마태복음은 예수님이 예루살렘 성 안으로 들어갔을 때, 이 사람이 누구냐며 큰 소동이 일어났었다고 기록한다(마 21:10).

그러나 이렇게 환호하며 반겼던 군중의 외침은 얼마 지나지 않아 그를 십자가에 못 박아 죽이라는 광기의 외침으로 돌변한다. 유명한 죄수 바라바를 선택한 군중에게 본디오 빌라도가 "그러면 그리스도라 하는 예수를 내가 어떻게 하랴?"고 묻자 그들은 "십자가에 못 박

용서, 그 불편함에 관하여

혀야 하겠나이다!"라고 외쳤다(마 27:22). 얼마 전까지만 해도 주님의 말씀을 듣고, 치유받기를 원해서 몰려들었던 무리, 그리고 먹을 것을 얻기 위해서 따라다녔던 군중은 그렇게 예수님을 십자가에 못 박아 죽이라고 목청을 높이면서 예수님을 버린 것이다. 만일 예수님이 오병이어의 기적을 경험했던 자들을 그 무리 속에서 발견했고 그와 눈이 마주쳤다면, 예수님은 어떤 생각을 하고 어떤 느낌이 들었을까?

예수님은 잡히시기 전날 밤 제자들과 마지막 만찬을 가졌다(마 26:17-29; 막 14:12-26; 눅 22:7-23; 요 13:21-30). 떡과 포도주를 나누면서 새 언약을 맺었고, 곧 있을 십자가의 죽음의 의미를 내다보았다. 예수님은 식사가 끝난 후 겟세마네로 이동해 거기서 십자가에서의 죽음에 대한 성부 하나님의 뜻을 묻는 기도를 드리다가 대제사장과 백성의 장로들이 보낸 무리에 의해 잡히시게 되었다. 독자들도 잘 알고 있는 것처럼 이 과정에는 예수님의 열두 제자들 가운데 한 명인 가룟 유다의 배신이 깊이 연루되어 있었다. 그가 예수님께 다가와 인사를 하며 입을 맞추었을 때, 예수님의 심정은 어땠을까? 예수님은 유다가 행할 것을 다 알고 계셨기에 "네가 무엇을 하려고 왔는지 행하라"고 말씀은 하셨지만(마 26:50), 예수님의 마음은 아리지 않았을까?

결국 예수님은 대제사장과 백성의 장로들이 보낸 무리에게 붙잡히셨다. 마태복음과 마가복음은 그때 제자들이 다 예수를 버리고 도망갔다고 기록한다(마 26:56; 막 14:50). 3년을 예수님과 함께 먹고 마시며 움직였던 제자들이었다. 예수님의 말씀을 직접 들었고, 예수님의 기적과 권능을 누구보다 가까이에서 보았던 제자들이었건만 자신들의 선생님이 잡히자 자신들마저 붙잡혀 죽을 수 있다는 두려움에 휩싸여 도망갔던 것으로 보인다. 마가복음에는 한 청년이 베 홑이불을 두르고 있다가 예수님이 잡혀 가시게 되자 두르고 있던 베 홑이불을 버리고 알몸으로 도망갔다고 기록한다(막 14:51-52). 이 청년이 누구였는지는 분명하지 않지만 제자들 가운데 한 명이었을 것이고, 황급히 도망갔던 것만은 분명하다. 무리에게 붙잡혀 끌려가고 있던 예수님이 고개를 돌려서 제자들이 자신을 버리고 후다닥 도망가는 뒷모습을 보았을 때 어떤 심정이었을까? 이미 알고 계셨기에 무덤덤했을까? 아니면 아무리 알고 있었어도 어둠 속으로 사라지는, 사랑하고 아꼈던 제자들의 뒷모습을 보면서 한없이 아프셨을까?

성경은 이런 제자들의 모습을 보여줌과 동시에 제자들 가운데 선임이라고 할 수 있는 베드로의 배신을 기록한다(마 26:69-75; 막 14:66-72; 눅 22:56-62; 요 18:15-18, 25-27). 물론 베드로도 다른 제자들과 함께 도망갔던 것으로 보인다. 그러나 성경은 그의 발자취를 더욱 자세하게 추적한다. 베드로는 예수님이 대제사장의 집으로 끌려 들어가

용서, 그 불편함에 관하여

는 것을 보았다(눅 22:54). 무리가 예수님을 잡아가는 것을 보고서 서둘러 도망치기는 했지만, 선생님의 안위를 걱정하여 거리를 두고서 뒤쫓아 갔던 것이다. 대제사장 집 뜰 안의 한 곳에서 사람들이 불을 피우고 있었고, 베드로는 겁에 잔뜩 질린 얼굴을 하고 앉아 있는데, 대제사장의 여종 가운데 한 명이 사람들이 다 보는데서 "너도 그[예수]와 함께 있었도다"라고 말하자, 베드로는 무슨 말을 하는 것이냐면서 자신은 예수님을 알지 못한다고 부인했다. 잠시 후에 다른 여종이 베드로를 보고서 "너도 그 도당이라."고 말하자, 당황한 베드로는 자신은 그 무리에 속한 자가 아니라며 또 부인했다. 한 시간쯤 있다가 또 다른 사람이 사람들이 보는 앞에서 베드로가 예수님의 제자라고 말하자 베드로는 또다시 그를 알지 못한다고 강하게 부인했다. 베드로는 예수님을 세 번 부인하고 만 셈이 되었다. 성경은 그때 닭이 울었다고 기록하고 있는데, 누가복음에만 유독 '주께서 돌이켜 베드로를 보시니'라는 표현이 기록되어 있다:

> 주께서 돌이켜 베드로를 보시니 베드로가 주의 말씀 곧 오늘 닭 울기 전에 네가 세 번 나를 부인하리라 하심이 생각나서 밖에 나가서 심히 통곡하니라(눅 22:61-62).

베드로가 세 번 부인했을 때, 닭은 울었고 대제사장의 집으로 이미 끌려간 예수님은 그 집 뜰 안에서 자신을 부인하고 있던 초라한 베드로를 보신 것이다. '주께서 돌이켜 베드로를 보시니'라는 표현은 여러 상황을 예측하게 한다. 예수님이 몸 전체를 돌려서 베드로를 보았던 것일 수도 있고, 예수님이 베드로를 정면으로 본 것이 아니라 고개만을 돌려서 본 것일 수도 있다. 그러나 대제사장이 보낸 사람들에게 붙잡혀 서 있는 상황에서 자유롭게 몸 전체를 돌렸다기보다는 몸은 사람들의 손에 붙잡혀 있고 얼굴만 돌렸을 것으로 보는 것이 자연스러워 보인다. 어떤 해석이 맞든 두려움에 찬 나머지 여종 한 사람에게조차 자신의 선생님을 부인하며 배반하고 있는 베드로의 모습을 보면서 예수님의 마음은 어땠을까? 제자들로부터 이토록 초라하게 버림받던 주님의 마음은 쓰리지 않았을까? 아리지 않았을까?

군중과 제자들로부터 버림받은 예수님은 결국 성부 하나님에게까지도 버림을 받았다. 마태복음에 따르면 예수님의 십자가 처형은 오전 9시에 진행됐고, 짙은 어둠이 임한 것은 정오였으며, 예수님께서 "엘리 엘리 라마 사박다니"(나의 하나님, 나의 하나님, 어찌하여 나를 버리셨나이까?)라고 외친 것은 오후 3시였다(마 27:45-46). 약 세 시간 동안 온 땅에 어둠이 임했던 것이다. 어둠은 성경에서 하나님과의 분리를 상징한다. 죄에 대한 하나님의 심판을 암시하기도 한다. 어쨌든 그렇게 세 시간 동안 어둠이 지속되었는데, 그 때 예수님의 외침이

용서, 그 불편함에 관하여

있었던 것이다. 이 외침은 물론 시편 22편 1절을 암송한 것이다. 하지만 예수님의 이 외침("나의 하나님, 나의 하나님, 어찌하여 나를 버리셨나이까?")을 우리는 어떻게 이해해야 할까? 시편 구절 하나를 암송한 것에 불과한 것인가? 아니면 예수님 자신에게 발생한 것을 시편 구절을 인용하여 표현한 것일까?

예수님의 그 외침은 십자가 위에 매달려 있으면 성부 하나님이 곧바로 자신을 구해 줄 것이라고 믿었는데 그렇게 되지 않고 있는 것에 대한 불만과 불평을 의미하는 것일까? 아니면 실제로는 버림받지 않았음에도 불구하고 단지 버림받았다고 느낀 감정을 의미하는 것일까? 그렇지 않다. 예수님의 이 외침은 하나님으로부터 철저히 유기되었음을 표현하는 것이다. 암흑이 세 시간 진행되는 동안 성자 예수님은 성부 하나님으로부터 완전히 버림받은 것이다. 느낌만 버림받은 것도 육신만 버림받은 것도 아니라 예수님의 존재 전체가 아버지께 버림받은 것이다. 우리의 죄 때문에 가장 친밀한 관계인 아버지와 아들이 분리되었고, 우리의 죄 때문에 아들은 아버지로부터 버림을 받은 것이다.

용서할 마음이 아직 준비되지 않았나요?

앞서 말했지만, 예수님이 당하고 경험하신 여러 단계의 고통 과정은 우리를 향한 자신의 사랑을 드러내는 '역설적 발자취들'이다. 채찍질과 수치를 당한 것과 십자가에서 못 박히심, 군중과 제자들, 더 나아가 성부 하나님으로부터 버림받은 것 등은 모두 우리의 죄를 용서하기 위한 예수님의 사랑을 보여주는 선명한 발자취들이다.

독자들은 짧게나마 자신의 죄를 위해 예수님이 당해야 했던 고통과 수치를 묵상할 수 있었을 것이다. 유다와 제자들로부터 예수님이 배반당하는 장면, 대제사장의 집을 거쳐 본디오 빌라도에게 끌려간 예수님의 모습, 관정에서 군인들에게 처참하게 채찍질을 당하는 장면, 십자가 기둥을 어깨에 지고 골고다 언덕길을 올라가는 장면, 십자가에 손과 발이 못 박히시는 장면, 마침내 십자가에 못 박힌 채 세워지는 장면 등을 하나씩 천천히, 마치 그 현장에 있는 것처럼, 묵상해 보았기를 바란다. 모든 과정이 우리에 대한 그의 사랑을 보여주는 '역설적 발자취들'이다.

나는 독자들이 "우리가 주님께 용서함 받았다"라고 말할 때의 그 용서가 어떤 과정을 거쳐서 주어지게 되었는지를 진지하게 묵상할 수 있었으면 좋겠다. 그의 발자취를 천천히 따라가다 보면, 그 누구도 예수님의 고통과 수치를 가볍게 이야기할 수 없을 것이다. 우리는 주님께 "주님, 저의 죄악을 용서해 주세요!"라고 기도하면서 그에게 용서를 구할 때, 그 용서가 거저 주어진 것이 아니었음을 기억하는 것이 중요하다. 일만 달란트(터무니없는 금액)의 빚을 진 자가 엎드려 절하며 은혜를 구할 때 임금으로부터 탕감을 받게 되었는데, 그 탕감이 어떤 희생도 없이 발생한 것이 아니었다는 점을, 다시 말해서 임금에게 그 터무니없는 금액만큼의 희생이 있었다는 사실을 기억해야 한다.

자, 마지막으로 어떤 상황을 상상해 보자. 당신에게 씻을 수 없는 상처를 남긴 가해자가 어느 날 전화를 해서 "내가 정말 잘못했다"라며 용서를 구하고 있는 상황을 상상해 보자. 다음 날에는 당신에게 직접 찾아와서 무릎을 꿇고 "진심으로 미안하다"라고 하면서 사과하는 것이다. 그런데 안타깝게도 당신은 그를 용서할 준비가 되어 있지 않은 것이다. 마음에 깊게 파인 상처가 아물지 않아 아직도 쓰리고, 미움과 분노의 감정이 당신 안에서 여전히 소용돌이 치고 있다고 상상해 보라.

이 상황에서 그리스도인으로서 당신은 어떻게 할 것인가? 가해자는 진심으로 용서를 구하고 있는 상태이지만, 당신은 아직 용서할 준비가 안 되어 있는 상태라면, 어떻게 할 것인가? 나는 그런 상황에 있는 독자들에게 "이젠 용서할 때가 되었으니 용서해 줘야 되지 않겠습니까!" 혹은 "이젠 그냥 덮고 지나갑시다"라면서 용서를 강제하고 싶지 않다. 그렇게 해서도 안 될 일이다. 그러나 주님이 우리를 용서하기 위해 행하신 고난과 우리가 회개할 때 기꺼이 용서하신 주님의 은혜를 묵상해 보자고 권하고 싶다. 십자가에 매달린 예수님을 묵상하는 자리로 나아가 묵상하다 보면, 성령께서 어떻게 행하는 것이 바람직한 것인지를 알려주실 것이다.

참고문헌

루이스 스미디스. 『용서의 미학: 어떻게 용서해야 할지 모를 때』. 이여진 역. 서울: 이레서원,
   2005.

자끄 뷔숄드. 『완전한 자유, 용서』. 채희석 역. 서울: 국제제자훈련원, 2010.

존 스토트. 『그리스도의 십자가』. 황영철 역. 서울: IVP, 1988.

스티븐 체리. 『용서라는 고통: 상처의 황무지에서 싹틔우는 한 줄기 소망』. 송인수 역. 서울: 황
   소자리, 2013.

엘리자베스 퀴블러 로스. 『인생수업』. 류시화 역. 서울: 이레, 2006.

타카미츠 무라오카. 『나의 비아돌로로사』. 강범하 역. 서울: 겨자나무, 2019.

프레드 러스킨. 『나를 위한 선택 용서: 용서는 어떻게 우리의 몸과 마음을 구원하는가?』. 장현숙
   역. 서울: 엘에이치코리아, 2003.

Bailey K. E., *Finding the Lost: Cultural Keys to Luke 15*, Saint Louis MO 1992.

Carson, D. A. *Matthew and Mark*, EBC 8. Grand Rapids: Zondervan, 2010.

Dennis, Lane T. and Wayne Grudem, eds. *The ESV Study Bible*. Wheaton: Crossway Bibles,
   2008.

Duncan, J. and Derrett, M. "Law in the New Testament: The Parable of the Prodigal Son." *New
   Testament Studies* 14 (1967): 56–74.

Dunchunstang, Borris. *Finding Forgiveness: A 7-Step Program of Letting Go of Anger and Bitterness*.
   McGraw–Hill Professional, 2010.

Enright, Robert. *Forgiveness is a Choice: A Step-by-Step Process for Resolving Anger and Restoring
   Hope*. Washington: American Psychological Association, 2008 .

Fernando, Ajith, *The Supremacy of Christ*. Wheaton, IL: Crossway Books, 1995.

Houston, Paula. *Forgiveness: Following Jesus into a Radical Loving*. Brewster, Massachusetts:
   Paraclete Press, 2009.

Keans, J. N. & Fincham, F. D. "A Prototype analysis of forgiveness," *Personality and Social
   Psychology Bulletin* 30 (2004): 838–855.

Nolland, J., *Luke 9:21-18:34*. WBC 35B. Grand Rapids: Zondervan, 1993.

Reimer, D. J. "The Apocrypha and Biblical Theology: The Case of Interpersonal Forgiveness," in
   J. Barton and D. J. Reimer (eds.), *After the Exile: Essays in Honor of Rex Mason* (Macon,
   Georgia: Mercer University Press, 1996), 259–82.

Sailhamer, John H. *Genesis*. Grand Rapids: Zondervan, 2008.

Stott, John. *The Message of the Sermon on the Mount*. IL: IVP, 1978.

Strobel, Lee. *The Case for Christ: A Journalist's Personal Investigation of the Evidence for Jesus*. Grand Rapids: Zondervan, 1998.

Stibbs, Alan. *The Meaning of the Word Blood*. London: Tyndale, 1954.